基督教文化研究丛书

主编 何光沪 高师宁

四编 第 **7** 册

天音北韵
——华北地区天主教音乐研究(下)

孙晨荟 著

花木兰文化事业有限公司

国家图书馆出版品预行编目资料

天音北韵——华北地区天主教音乐研究（下）／孙晨荟 著 ——
初版 —— 新北市：花木兰文化事业有限公司，2018〔民107〕
目 4+146 面；19×26 公分
（基督教文化研究丛书　四编　第7册）
ISBN 978-986-485-484-4（精装）
1. 天主教　2. 宗教音乐　3. 华北地区
240.8　　　　　　　　　　　　　　　　　　107011433

ISBN-978-986-485-484-4

9 789864 854844

基督教文化研究丛书
四编　第七册　　　　　　　　ISBN：978-986-485-484-4

天音北韵——华北地区天主教音乐研究（下）

作　　者　孙晨荟
主　　编　何光沪　高师宁
执行主编　张　欣
企　　划　北京师范大学基督教文艺研究中心
总 编 辑　杜洁祥
副总编辑　杨嘉乐
编　　辑　许郁翎、王筑　美术编辑　陈逸婷
出　　版　花木兰文化事业有限公司
发 行 人　高小娟
联络地址　台湾235 新北市中和区中安街七二号十三楼
　　　　　电话：02-2923-1455／传真：02-2923-1452
网　　址　http://www.huamulan.tw　信箱 hml810518@gmail.com
印　　刷　普罗文化出版广告事业
初　　版　2018 年 9 月
全书字数　220101 字
定　　价　四编9册（精装）台币 18,000 元

天音北韵
——华北地区天主教音乐研究（下）

孙晨荟　著

目
次

第八章 田野考察：仪式中的音乐
——周年礼仪

第一节 复活系统

一、圣周礼仪

圣周礼仪是天主教礼仪年的核心，也是最神圣的一周，该礼仪完整的预备至结束阶段包含四旬期和复活期两大节期的系列节庆活动。复活节的预备从之前的四旬期开始，以圣灰礼仪为标志开始，经过五周后，直到复活节前的一个周日——圣枝（苦难）主日仪式渐入尾声。这是复活节庆前40天的隆重准备期，基督宗信徒进行祈祷、忏悔和斋戒，因此也称"封斋期"。这段时期净化和刻苦己身的功课以及教堂弥撒经文和圣歌的选择，均围绕思考和纪念耶稣受难的救世行为，此为复活节庆的前奏曲。接下来的周四、五、六为逾越节三日庆典，分别是圣周四——最后的晚餐纪念日、圣周五——耶稣受难日、圣周六——复活前夕守夜礼（望复活），这是四旬期的结束被称为圣周，也是四旬期和复活期最精彩的部分，直至周日复活节，标志着复活期的开始。经过数周一系列的礼仪铺垫和预备之后，复活节当日展现出最终的故事结局和情感高潮——耶稣复活，这些连贯性的瞻礼富有强烈的历史感和戏剧性以达到纪念和回忆的目的。图表8-1是酝酿复活庆典的系列礼仪活动，每位信徒全程的参与预备可以达到庆典中仪式神学和宗教情感的完备体验。音乐在庆典仪式中的表达，则完全配合宗教内容的需要。

四旬期	圣周礼仪		圣灰礼仪（大小斋）
			五个星期主日
		逾越节三日庆典	圣枝（苦难）主日
			圣周四：最后的晚餐
			圣周五：耶稣受难——圣死
			圣周六：复活前夕守夜礼（望复活）——埋葬
复活期			复　活　节　主　日——复　活

（图表 8-1：圣周礼仪）

二、山西太原教区总堂 2007 年圣周礼仪和复活瞻礼

下为山西太原教区总堂 2007 年圣周礼仪和复活节弥撒庆典实录，资料由太原教区总堂影像福传点提供。

（一）2007 年 4 月 1 日圣枝（苦难）主日

1、圣枝游行：纪念耶稣进入耶路撒冷。主教穿红色礼服象征耶稣的胜利，众人手持棕枝（圣枝）欢迎。

A. 游行路线：教堂后门→东三道巷→解放路→教堂门口

B. 游行队伍：提香炉辅祭 1 名 – 高举蒙白布的十字架苦像辅祭 1 名 – 持明灯辅祭 2 名 – 一杆"天主教太原总乐队"红底大旗 – 12 杆"天主经"内容黄色大旗 – 管乐队指挥 1 名 – 管乐队（大军鼓、小军鼓、长笛、黑管、萨克斯、小号、双簧管、圆号）– 高举福音书神父 1 名 – 持棕枝神父 4 名 – 红衣祭服主教 1 名 – 端棕枝盆辅祭 1 名 – 端清水盆辅祭 1 名 – 持棕枝方济各三会成员数名 – 唱经班成员数名 – 信徒数名

2、堂前仪式：敲门礼（读经 – 神父用十字架用力敲紧闭的教堂大门底部三次）– 教堂大门打开

3、进堂仪式：管乐队奏乐导入（耶稣君王歌）– 队伍进入教堂 – 主教用棕枝向会众洒圣水

4、弥撒仪式

A. 开端礼：进堂咏 – 致候词 – 垂怜经 – 光荣颂 – 集祷经

　　B. 圣道礼仪：读经一 – 答唱咏 – 读经二 – 福音前欢呼阿肋路亚 – 福音 – 讲道 – 信经 – 信友祷文

　　C. 圣祭礼仪：预备礼品（预备礼品歌、献礼经）– 感恩经（感恩经文及欢呼颂、信德的奥迹、赞颂词及亚孟）– 领主礼（天主经、天下万国、平安礼、羔羊颂、领主咏、领主后咏、领主后经）

　　D. 遣散礼：堂区报告 – 祝福词 – 亚孟 – 礼成咏

（二）2007 年 4 月 5 日圣周四——主的晚餐

　　1、早 9:30 圣油弥撒仪式

　　A. 开端礼：进堂咏 – 致侯词 – 垂怜经 – 光荣颂 – 集祷经

　　B. 圣道礼仪：读经一 – 答唱咏 – 读经二 – 福音前欢呼阿肋路亚 – 福音 – 讲道 – 主教主持重宣司铎誓愿承诺终身圣职 – 大家互祝平安

　　C. 圣祭礼仪：预备礼品（预备礼品歌、献礼经）– 祝福和祝圣坚振、病人和圣洗三种圣油 – 感恩经（感恩经文及欢呼颂、信德的奥迹、赞颂词及亚孟）– 领主礼（天主经、天下万国、平安礼、羔羊颂、领主咏、领主后咏、领主后经）

　　D. 遣散礼：堂区报告 – 祝福词 – 亚孟 – 礼成咏

　　2、晚 18:30 圣周四黄昏主的晚餐弥撒仪式

　　A. 开端礼：进堂咏 – 致侯词 – 垂怜经 – 光荣颂（主祭领唱“光荣颂”后，风琴专用曲调、摇铃、打钟纪念耶稣受难，此后直到复活前夕不再摇铃打钟和使用乐器，信徒接唱“光荣颂”）– 集祷经

　　B. 圣道礼仪：读经一 – 答唱咏 – 读经二 – 福音前欢呼阿肋路亚 – 福音 – 讲道 – 举行濯足礼（不唱“信经”，神父们给 12 位男性信徒洗脚，表示耶稣给他的 12 位门徒行濯足礼）– 信友祷词

　　C. 圣祭礼仪：预备礼品（预备礼品歌、献礼经）– 感恩经（感恩经文及欢呼颂、信德的奥迹、赞颂词及亚孟）– 领主礼（天主经、天下万国、平安礼、羔羊颂、领主咏、领主后咏、领主后经）

　　D. 迁供圣体：领圣体后主祭向圣体上香下跪 – 辅祭搭圣体棚 – 祭礼队伍（十字架、香炉、圣体棚、明灯、圣体光、明灯、拍板）将圣体光由主祭台恭迁至教堂侧方临时搭起的圣体柜中 – 唱经班及方济各三会成员随后 – 全体下跪朝拜圣体 – 反复颂唱“圣体歌”– 无遣散礼 – 彻夜跪拜圣体 – 读经 – 唱圣歌 – 祈祷 – 默想

（三）2007 年 4 月 6 日圣周五——耶稣受难纪念仪式

下午在教堂播放有关耶稣受难的影片并讲解。主祭台被大紫色幔子全部遮住，幔子中间贴着耶稣被钉十字架的画像。面对画像的地面上铺放一块白布，上面摆放一木质大十字架，并被红色蜡烛环绕，左右各摆放锤子、长矛、荆棘冠、大铁钉、紫袍和白袍。晚上纪念耶稣苦难圣死礼仪：

1、拜苦路：主祭举着蒙白布的十字架耶稣苦像带领人群从教堂左侧悬挂的第一处苦路像开始－唱苦路经－诵苦路经－下拜－唱苦路歌－祈祷－仪式重复至教堂右侧悬挂的第十四处苦路像处－讲道－将拆掉白布的十字架耶稣苦像靠在祭台－全体信徒轮流上前亲吻耶稣像的五伤处

2、圣道礼仪：蜡烛点燃－全体静默下跪片刻后起立－礼仪开始－选读耶稣受难经文并讲解－唱圣歌－讲道－祈祷。

3、朝拜十字架：祭台、台阶及十字架周围的蜡烛全部点燃－全体下跪－唱圣歌－念隆重祈祷文－反复唱圣歌"加略山的爱"－在歌声中全体信徒排队－轮流走到地上的十字架前－双手合十下跪－亲吻十字架、紫袍、白袍、荆棘冠等－全体诵经

4、领圣体礼：唱天主经－领主咏－主祭向全体分送圣体

5、遣散礼：主教祝福－全体或静默离去－或自由朝拜十字架－祭台所有饰物全部除去

（四）2007 年 4 月 7 日圣周六——复活前夕守夜礼

下午总堂慕道友受洗班成员聚集预备晚上的领洗仪式，信徒听道、祈祷和唱圣歌。复活前夕守夜礼的含义是教会在醒悟中等候从死里复活的耶稣，并在入门圣事——洗礼、坚振和圣体圣事中与复活的耶稣相遇。

1、烛光礼：教堂内灯光完全熄灭，全体信徒高声诵经。

A. 复活蜡烛游行礼：堂门口放置一火盆－信徒与等候领洗者堂外集合围绕火盘站立－主祭念祷文祝圣新火－主祭将五枚乳香钉依十字架形状插入黄色的大复活蜡烛－主祭以新火点燃复活蜡烛－堂外祭礼队伍与人群游行进入教堂－堂内信徒人手一支点燃的蜡烛安静等候

B. 复活宣报礼：神父咏唱"逾越颂"－会众应答式对唱

2、圣道礼仪：读经四篇－唱经班每篇读经后答唱咏－读经结束后进入常规弥撒程序－主教领唱一句"光荣颂"－教堂灯光打开－众人吹灭蜡烛－敲

钟－打铃－风琴奏响－管乐队奏乐亨德尔"Alleluia"－唱经班合唱"光荣颂"－读祈祷文－（福音前欢呼－隆重宣报礼）主教领唱一句"阿来路亚"－全体应答式对唱"阿来路亚"－神父与信徒应答式诵唱福音书－神父向福音书和复活蜡烛鞠躬上香－神父朗读耶稣复活经文－诵读完毕神父与信徒应答式诵唱－全体坐

3、入门圣事

A. 洗礼仪式：主教与神父讲解－传道员按顺序宣读 36 位候洗者名单－候洗者与代父母起立走到前方－祈祷－唱经班与信徒应答式对唱诸圣祷文－主教祝福洗礼用水（全体信徒面向圣水池）－主教覆手水上祈祷－主教与神父将点燃的复活蜡烛浸入水中三次－唱经班唱"祝圣圣水礼"－复活蜡烛被拿到教堂后方－主教念祷文覆手祝圣大水缸中的水－再次将蜡烛浸入每个水缸中－祭礼队伍拿复活蜡烛回到教堂内－主教向人群洒圣水－信徒划十字领受圣水－唱经班反复唱"复活期洒圣水歌"－主教走到祭台前引领信徒应答表明弃绝罪恶－信徒应答宣认信仰－候洗者排队领受洗礼－代父母带领候洗者走到神父前－神父念领洗者名字并诵念祷文将水倒在其额头为其受洗－唱经班反复颂唱"伏求圣神"－释义仪式－代父母为领洗者穿小白衣－洗礼结束

B. 坚振仪式：新领洗者手持蜡烛上前－主教念祈祷文行坚振覆手礼－主教在新信徒额头划十字行坚振傅油礼－代父母按手在领坚振者肩上－唱经班反复颂唱"伏求圣神歌"－欢迎礼－大家鼓掌欢迎新信徒－教徒代表讲话－新信徒带领颂信友祷词

4、感恩祭：预备礼品（预备礼品歌、献礼经）－感恩经（感恩经文及欢呼颂、信德的奥迹、赞颂词及亚孟）－领主礼（天主经、天下万国、平安礼、羔羊颂、领主咏、领主后咏、领主后经）－礼成曲－分发礼物

（五）2007 年 4 月 8 日——复活主日弥撒

太原总堂复活主日上午 6：15、8：00、9：00（英文）、10：00 及下午 16：00 共五台弥撒照常举行。10:00 的大礼弥撒开始时，总堂锣鼓队在教堂外变换队形演奏，复活节游行队伍及路线与上文所述圣枝主日相同，增加了新领洗信徒掌旗，教堂外两侧各摆放有数座礼炮助兴，进堂后管乐队分立两侧演奏"基督君王歌"迎神父等入堂，唱经班演唱《中华合一弥撒》套曲，包括"垂

怜曲"、"光荣颂"、"信经"、"圣圣圣"、"天主经"、"羔羊经"、"圣餐邀请礼"，领圣体时管乐队演奏亨德尔曲"Alleluia"。弥撒结束后管乐队奏乐引领主教等离开祭台，唱经班献唱数首圣歌，神父给大家分发复活蛋。

整个复活瞻礼仪式中，耶稣受难日礼仪最深刻，复活前夕守夜礼最隆重，复活节主日弥撒最欢庆。每一天的节庆中，太原教区的不同堂口都会举行各式多样的活动。如2006年受难日，太原总堂神父身背十字架游行效仿耶稣被钉的全过程。2010年太原南社堂区在耶稣受难日，上演耶稣受难剧目加以纪念。复活前夕守夜礼庆典，在太原杨家堡堂区有1200余人参加，神父准备了多媒体课件播放，用现代影音方式演绎了耶稣受难的故事，本堂新成立的女子管乐队和姚村堂区民乐队前来助兴。笔者参加了当年的总堂复活节主日庆典，大礼弥撒在晚上举行，鞭炮锣鼓声隆隆震耳，弥撒结束后夜已深，人们在教堂内相互祝福，教堂外的锣鼓队依然兴致高昂地再次演奏七大套和小组锣鼓竞技，引来路人围观喝彩，笔者也被这种氛围感染在本应宁静的午夜时分兴奋良久。复活瞻礼是基督宗教最富故事性和戏剧性的节庆，信徒们也藉着这个时期再次迎接宗教情感的高潮体验。

三、北京教区宣武门教堂2009年圣周礼仪和复活节瞻礼

2009年笔者全程参与北京教区宣武门教堂自四旬期至复活期的活动，具体如下：

1、2月25日（三）晚：圣灰礼仪英文弥撒

2、4月5日（日）早：拉丁文弥撒

3、4月5日（日）早：圣枝主日中文弥撒

4、4月9日（四）早：圣油礼仪中文弥撒

5、4月9日（四）晚：圣周四－主的晚餐弥撒

6、4月10日（五）下午－晚：圣周五－耶稣受难纪念仪式

7、4月11日（六）晚：圣周六－复活前夕弥撒

8、4月12日（日）早：复活主日瞻礼弥撒

四旬期是复活节（逾越节）前的40天准备期，作为四旬期开始的标志－圣灰礼仪，它的特定礼节是：所有信徒前往祭台，司铎为其头或身抹上圣灰，并说"人啊，你该记着，因为你是灰土，将来还要归于灰土。"这源于《圣经.创世纪》3章19节天主上帝对亚当所说的话，教会行此祝福的礼仪象征忏悔

者的忧愁与补赎，更象征人之生命的脆弱与短暂，并藉此开启谨守大小斋的开斋期，邀请人悔改皈依洗心革面"你们要悔改、信从福音"。在此期间教堂祭台不摆花，司铎的祭衣着紫色。关于音乐方面，礼仪圣部训令特别规定乐器不能独奏、不唱 Alleluia。2009 年 2 月 25 日 17：00，圣灰礼仪英文弥撒开始前，笔者参与南堂英文唱经班的排练，由张广泰老师带领指导，伴奏乐器为一架简易的台式电子琴，调成风琴音色档。曲目写在黑板上：进堂咏 Ashes、（无）Glory to God、Psalm 51、D.7、Receiving Ash、（无）Credo、L-1、S-5、S-2。其中标明无，意为四旬期不唱，这是该节期选曲的礼仪规定。字母标注是张老师自行编纂的全年礼仪曲目归档代码，每位唱经班成员可根据 S-2 等标识快速找到所需乐曲。写完曲目后全体起立，张老师带领大家念圣号经和圣则济利亚（音乐主保）祷文作为排练的开始，接下来是 ma-me-mo-mo-mu 五个元音的发声练习。练习曲目依次为进堂咏 Ashes、Psalm 51:Ash Wednesday、During Lent（四旬期用）、Receiving Ash（张广泰曲）、S-5（Lord,Who throughout these forty days）、S-2（Forty Days and Forty Nights）。这些是为当日弥撒歌唱的新曲目，加上常规弥撒曲目如天主经、天下万国等，唱经班为全场仪式的献唱多达十几首。由于曲目多、成员音乐水平参差不齐、声部不均衡、排练时间不能安排更多等因素，对唱经班的演唱就不能要求过高。音准、发声位置统一、风格正统、咬字准确是张老师指导的基本要求，他希望队员尽力达标艺术、灵修和礼仪三个方面的标准。虽比不上专业合唱团，但为国际堂区服务的南堂英文唱经班的演唱技巧和艺术风格一直获得外籍人士的好评。当日的圣灰礼仪英文弥撒，英文唱经班服务礼仪的程序如图表 8-2：

	礼　仪	唱经班
进堂式		进堂咏 Ashes
	欢迎词	
	礼仪队进堂	进堂咏 Ashes
圣道礼仪	集祷经	
		垂怜经 Lord have mercy
	英语、法语读经一（Joel2:12-18）	
		答唱咏　Psalm 51:Ash Wednesday
	英语、法语读经二（2 Corinthians5:20-6:2）	

		福音前欢呼 Praise to you-
	福音（Matthew6:1-6,16-18）	
	圣灰礼仪	Receiving Ash
	祈祷 Lord,hear us we pray	
圣祭礼仪	献礼经	奉献曲
	感恩经文	
		欢呼颂 Holy,Holy,Holy Lord
	信德的奥迹	信德的奥迹
	赞颂词	Amen
		天主经
		天下万国 For the kingdom
		平安礼 Peace be with you
		羔羊颂 Lamb of God
	领圣体	领主咏 Lord,Who throughout these forty days
		领主后咏 Forty Days and Forty Nights

（图表 8-2：2009 年北京宣武门教堂圣灰礼仪）

圣枝主日，又称圣枝主日或基督苦难主日。这是圣周开始的标志，时间为复活节前一周的星期日。2009 年 4 月 5 日早 6：00 笔者参加了一场拉丁文弥撒仪式，至 8:30 观礼圣枝主日中文弥撒仪式。作为天主教礼仪传统的拉丁文弥撒仪式，在北京教区非常少见，宣武门南堂每日早 6:00 固定保留了一台，西什库北堂也有开设。笔者参与的是没有唱经的传统拉丁小弥撒，神父与辅祭在祭台上用拉丁文低声地举行仪式，信徒在台下用半文半白的中文大声吟唱诵念经文以配合弥撒规程，但声音完全盖过了祭台上神职的祈祷，更由于台上的仪式与台下的参与者几乎没有任何交流，这使得外行者极难明了其过程和内容，但也由此平添一份神秘色彩。参加拉丁弥撒的信徒几乎为清一色的老者，仪式结束后有很多人继续在长椅上念经祈祷，至 8:30 圣枝主日中文弥撒开始。当日圣枝主日中文弥撒仪式，由南堂则济利亚中文唱经班担任礼仪歌曲服务。在弥撒前举行的教堂外圣枝游行礼和敲门礼的特别仪式中，歌唱的曲目为：迎圣枝曲（人们聚集教堂外手持棕树枝时）－圣枝游行曲（主祭祝福完人群和树枝、宣读福音讲道后）– 基督君王赞美诗（敲门时唱）– 耶稣君王歌（队伍行至教堂祭台）。在主日弥撒中歌唱的曲目为：进堂咏 – 答唱咏 – 福音前欢呼 – 奉献曲 – 愿献我心 – 领主曲 – 求主俯听我祷 – 分享同一的圣体 – 悔改吧！主的子民 – 紫色的袍 – 请尔日路撒冷。

4月9日早上10:00举行圣油礼仪中文弥撒仪式，由北京教区李山主教主祭，教区内其他神父共祭。该仪式在弥撒仪式的圣祭礼仪唱大奉献曲开始前，举行祝圣三种圣油的特别礼仪：由所有神职一起祝圣为新领洗者和坚振者所用的"圣化圣油"，并祝福为即将接受洗礼者准备所用的"侯洗圣油"以及为病人傅油的"病人圣油"。4月9日晚上6:30举行的圣周四主的晚餐中文弥撒仪式即开始了逾越节三日庆典，当日仪式包括进堂式、圣道礼仪、圣祭礼仪、恭移圣体四部分。音乐曲目要求在圣道礼仪中不唱"信经"，直接进行洗足礼并反复唱"有一新诫命"和"爱的真谛"；在圣祭礼仪中"领主曲"唱"主的晚餐"；恭移圣体时反复唱"伟大的圣体"和"拜圣体歌"。

4月10日下午3:00开始圣周五耶稣受难纪念仪式，当日礼仪包括拜苦路、圣道礼仪、朝拜十字架、领圣体礼、遣散礼，不举行弥撒。教堂内用一块巨大的紫布拉作幔子，将祭台与会中座椅隔离，上书"死亡坟墓"四个白色大字，祭台内部的圣像在四旬期起始就被蒙上。特别曲目有"大祈祷欢呼词"（隆重祈祷文每段之后唱）、"显示十字架礼曲"（朝拜十字架礼中，十字架上蒙的紫布被逐渐打开时唱）、"朝拜十字架礼曲"、"圣母痛苦词"、"皇旗飞舞"（迎圣体时唱）、"主被钉死显圣爱"。4月10日圣周六望复活守夜礼，包括烛光礼（点燃复活蜡、唱逾越颂）、圣道礼仪、洗礼和坚振圣事、感恩祭四部分。其中圣道礼仪有七段读经和七端答唱咏，福音前欢呼部分为"耶稣复活了"隆重宣报礼唱"阿来路亚"，洗礼和坚振圣事中唱"诸圣祷文"、"祝圣圣水礼"、"复活期洒圣水歌"、"真光照着我"、"伏求圣神歌"，感恩祭按常规礼仪进行先后唱"奉献曲"、"圣圣圣"、"天主经"、"羔羊颂"、"领主曲"（"基督我主今复生"、"耶稣复活已功成"、"主，我在这里"）和"礼成曲"。当仪式接近尾声全体唱"弥撒礼成"时，很多人纷纷离开教堂座椅，前往堂门口神父祝圣的水缸前，拿出自备的空瓶灌水，希望此圣水能为自己或家人祝福医病。而堂内神父正为信徒们带来的食品或物品洒圣水祝圣，每个人纷纷拥挤着高举自己的东西获得祈福，教堂内外灯火通明充溢着幸福的期望。4月11日周日早7:15复活节主日大礼弥撒仪式歌曲的核心是耶稣复活内容，在弥撒圣道礼仪的读经二后特别唱"继抒咏","领主曲"为"上主已复活"、"凯旋曲"，"礼成曲"为"天皇后喜乐"。[1]

第二节 圣诞系统

一、圣诞节庆典

圣诞节是基督宗教最著名的节日，传统意义上的教堂庆典从 12 月 24 日晚平安夜进行到次日圣诞节白天。弥撒仪式为 12 月 24 日晚间的第一台前夕弥撒（晚祷前后约 17:00 左右），23:00 第二台子夜弥撒。12 月 25 日第一台黎明弥撒（早祷前后约 6:00 左右），第二台天明弥撒（约 8:00 左右），很多教堂还举行第三台日间弥撒。圣诞瞻礼的所有弥撒中，平安夜的子夜弥撒最为隆重且时间固定，仪式中特别有"迎圣婴"环节，即神父恭迎圣婴圣像并将之放入提前装饰好的圣诞马槽中，信徒们跪迎亲吻。这是子时 24:00 的时刻，也是圣诞节耶稣诞生含义的体现，奉献礼品时会特别加入大蛋糕以庆祝耶稣诞生，结束后大家分吃。其他弥撒仪式为常规弥撒，其举行时间或举行与否，各地教堂依据实际情况而定。12 月 24 日晚平安夜和 25 日晚圣诞夜，很多教堂都会举办圣诞晚会，此时非宗教的世俗娱乐方式可以进入教堂参与欢庆，以达到信徒与非信徒众乐乐的效果，也是天主教庆典最宽松的时刻。晚会多与耶稣诞生的宗教内容有关，也不乏与之无关的歌舞、相声、小品、快板等助兴类节目。纱幔、鲜花、蜡烛、圣诞树、彩灯、彩旗、灯光、马槽等必备的圣诞装饰也为节日增添氛围。2010 年圣诞节下午，太原总堂举办"庆圣诞，迎新年，和谐之声音乐会"。总堂天音合唱团与青泉合唱团、小天使合唱团、总堂乐队等团体联袂演出。有混声合唱、小合唱、表演唱、独唱，还有器乐演奏等。太原黄花园村堂口还举办了"信仰知识竞赛"以及文艺晚会，活动长达八个小时。除此之外，很多堂口还藉着节日举办各种社区义工活动，达到良好的社会效应。

圣诞节期间的仪式与庆典活动依赖于教会每个团体的奉献投入与积极配合，多由业余人士组成的唱经班往往担任着强度较大的排练、礼仪和演出任务。虽然多数成员的音乐水准并不专业，但笔者了解到各地教会的唱经班仍

---

1 天主教礼仪遵循统一的模式，北京教区的圣周礼仪及复活节瞻礼的仪式程序，与前文太原教区的相同，此处仅实录音乐曲目部分，仪式具体内容略。

然尽力或期望练习颇有难度的曲目为圣诞节弥撒作准备。天津教区西开青年唱经班自 2009 年起担任圣诞弥撒的演唱任务，图表 8-3 是该团体该年的礼仪演唱曲目，所有曲谱从各类圣歌集中复印或手抄编纂成简易单册，由五线谱和简谱的多声部谱式以及中文、拉丁文和拉丁文谐音汉字的歌词组成。

仪式程序	曲名-圣诞子时弥撒	曲名-圣诞天明弥撒
迎圣婴	快来至圣默西亚 当一个孩子诞生时 无数天神空降临	
进堂咏	Dominum 拉丁文	普世欢腾 牧童的欢乐
垂怜曲	古诺弥撒	献礼弥撒
光荣颂	古诺弥撒	献礼弥撒
欢赞曲	四声部阿肋路亚	阿肋路亚，赞美天主
信经	古诺弥撒	献礼弥撒
奉献曲	Adeste Fideles 拉丁文	无数天神空降临 请看小圣婴
欢呼歌	古诺弥撒	献礼弥撒
天主经	二声部天主经	二声部天主经
平安曲	以色列民歌	祝你平安
羔羊颂	古诺弥撒	献礼弥撒
领圣体	Panis Angelicus 拉丁文 平安夜 一个寒冷的冬夜	Deo Dicamus Gratias 拉丁文 Panis Angelicus 拉丁文
礼成曲	普世欢腾	耶稣诞生白冷郡城 无数天神空降临

（图表 8-3：2009 年天津教区西开天主堂青年唱经班圣诞弥撒曲目）

城市教会的圣诞节庆典大同小异，乡村教会却各有特色，山西太原教区六合村的圣诞节就极具代表性。天主教传入六合村约 300 年左右，这是全国最大的天主教信徒村（俗称教友村），总人口约 7000 人的村庄有信徒 6800 人，均为世代天主教信徒。村民主要从事运输、修理、种菜的职业，生活水平接近小康。进入村口，矗立有四座巨大醒目的福音书作者——基督宗徒的雕像，村内几乎家家户户的大门上都贴有"荣光照大地，和谐满人间"、"荣耀归天主，平安赐世人"之类的宗教赐福对联，位于全村中心地位的哥特式教堂是在被毁老教堂的原址上重修，后来数次扩建达到现在容纳4000人的空间。六合村的圣诞节非常浓郁地融合了西方宗教和乡土民俗的文化，表现为几大特色：第一，每年圣诞期间从12月20-25日，村庄开办"圣诞物资交流会"，农副产品和日用品一应俱全，很多周边村民也会在此集市上购物，这相当于传统的庙会赶集，村委会还会邀请歌舞团、晋剧团等文艺团体前来表演助兴。第二，12月24日平安夜举行庆圣诞迎圣婴焰火晚会，不仅全村挂满花灯彩带热闹非凡，并矗立高达几十米的旋转灯光圣诞树，特别有几十米高20多层的烟火花架，当地称"架火"或"旺火"。旺火习俗在山西自古有之，通常在正月十五元宵节晚上燃烧用煤块架起的旺火堆，在火光冲宵红映天际的旺势中烧尽往年的晦气迎接来年的运气。六合村将这种民俗用到了圣诞节，将煤堆改为烟花，富裕人家也各自出钱弄一个旺火，在晚会上集体燃烧，烟花旺火和焰火的海洋使全村万人空巷。地方政府领导非常重视这个活动，常有拨款资助。第三，除了传统的圣诞节弥撒仪式，庆祝活动还有持续2-3天的圣诞晚会。节目内容多表达天主教教义，但方式上充斥着本土色彩，如使用当地方言、民间舞蹈、快板戏曲、本地服装等，这种真实的表达方式深受信徒们的喜爱。第四，六合村民多为几代同堂和睦相处，遵循中国传统伦理和天主教道德要求，一家人通常在圣诞节之夜包饺子作为圣诞大餐，而春节反而没有这样隆重。由于生存方式的变化和区域文化的凝固力，这个典型的华北乡村几乎将中国最隆重传统的春节文化完全嫁接到圣诞节，这种方式没有任何不妥地深深扎根与六合村每位信徒的心中，只让笔者这样的局外人和外来者感到惊异，并再次感受到他们的"信仰是西方的，伦理是中国的，仪式是中西结合的。"[2]

二、河北献县教区任丘东八方村2010年圣诞瞻礼

2010年12月22-26日，笔者赴河北献县教区任丘市于村乡东八方村堂口考察圣诞节活动。教堂外的黑板上写着圣诞节时间表：24日守夜礼–晚6:30第一次经、晚7:30第二次经、晚8:30第三次经、晚10:30子时弥撒，25日早8:30瞻礼弥撒。12月24日平安夜，北方的冬夜异常寒冷。东八方村和临近的

2　吴飞《麦芒上的圣言-一个乡村天主教群体的信仰和生活》香港，道风出版社，2002年。

西八方村各有一个教堂，但只有一位神父，因此他需要赶场一般两头跑。晚上子时大弥撒开始前，东八方村堂口要求信徒每隔一小时进堂念经共三次，刺骨的寒夜在没有暖气的教堂里跪祷，着实考验每个人的毅力，因此只有一些老人坚持着。更重要的是，神父首先在西八方村作大礼弥撒，大部分村民就跑到热闹的邻村参礼。邻近的西八方村堂口安排当晚 6:30 念经、7:00 圣诞前夕弥撒、8:30 圣诞节目表演、9:00 迎圣婴仪式，很显然这里要热闹得多，当笔者一行赶到时已经是教堂内的讲道仪式，但人们的脸上仍然掩不住之前活动的兴奋劲。大红对联、彩灯飘带、心形红色气柱拱门和孩子们满地的欢声笑语灿烂地照耀着乡村寒冷刺骨的黑夜。仪式结束后，人们纷纷赶回东八方村教堂参加 10:30 的子时大弥撒。下为仪式实录：

1、进堂前的仪式：

　　锣鼓队从村口行进－鞭炮礼花－十字架、仪仗队、辅祭队抬着装有小圣婴的花轿进教堂

2、进堂式：

　　唱经班"进堂咏"、"平安夜"－神父及辅祭跪拜圣婴－行至祭台－圣号经－致候词－垂怜经－唱经班"垂怜经"、"光荣颂"－集祷经

3、圣道礼仪：

　　读经一（伊撒意亚先知书 9：1-3,5-6）－唱经班"耶稣，明亮晨星"－读经二（弟铎书 2:11-14）－唱经班"万王之王"（福音前欢呼）－福音（路加福音 2:1-14）－讲道－唱经班"信经"－信友祷词

4、圣祭礼仪：

　　预备祭品－唱经班"无数天神空际临"－献礼经－主祭与全体应答诵唱"圣诞节颂谢词"－唱经班"圣圣圣"－成圣体血－主祭与全体应答诵唱"信德的奥迹"－赞颂词－唱经班"天主经"－唱经班"天下万国"－平安礼－唱经班"羔羊颂"－主祭与全体应答诵唱"主，我当不起"－全体诵"领圣体前经"－全体领圣体－唱经班"上主就是爱"－全体诵"领圣体后经"

5、礼成式：

　　祈祷祝福词－唱经班"礼成咏"－仪仗队退堂－全体诵经

12 月 25 日圣诞节当日阳光明媚，早 7:30 鞭炮礼花声从东八方村委会旁的一个工厂里传来，里面有一排的平房成了人们准备的后台，院落正中放着一面架在轱辘车上的原色大鼓，所有队伍就在此更换服装列队排序。男孩子互相帮助穿上圣袍手拿礼仪圣器，女孩子纷纷扮作有翅膀、身穿白袍头戴花冠的天使，妇女们手持彩扇列队排练，男人们组成一支"音乐会"笙管鼓镲齐奏领头。8:20 左右，村中道路上开始燃放鞭炮，仪式队伍正式行进。大鼓开道、"音乐会"围绕奏响一曲"得胜鼓"，妇女彩扇秧歌队随后，男孩子辅祭队手持十字架、明烛、香炉次之，跟在后面的是双手合十的女孩天使队，审批祭袍的神父紧跟，最后是信徒队伍。热闹的场景引来道路两旁围观的村民，一路看着队伍缓缓向教堂方向行进。进入堂内的小巷门口伫立着巨大的红色双喜气柱拱门，沿路的房屋挂满了小彩旗。队伍行至教堂院落，"音乐会"团体止步分立教堂门口两侧继续吹奏迎接辅祭队进入教堂，此时鞭炮又一次炸响。下为天明弥撒仪式实录：

　　1、进堂前的仪式：

　　　　燃放－鞭炮礼花"音乐会"奏乐行进－秧歌队舞蹈－十字架、仪仗队、辅祭队、神父、信徒行进

　　2、进堂式：

　　　　唱经班"普世欢腾－神父及辅祭行至祭台－圣号经－致候词－垂怜经－唱经班《中华合一弥撒》"垂怜经"、"光荣颂"－神父诵唱"集祷经"

　　3、圣道礼仪：

　　　　读经一（依撒意亚先知书 52:7-10）－唱经班"无数天神空际临"－（弟铎书 3:4-7）－唱经班"阿肋路亚"－福音（圣若望福音 1:1-18）－讲道－唱经班《中华合一弥撒》"信经"－祈祷

　　4、圣祭礼仪：

　　　　预备祭品－唱经班"我全心奉献"－献礼经－主祭与全体应答诵唱"圣诞节颂谢词"－唱经班《中华合一弥撒》"圣圣圣"－成圣体血－神父诵唱"圣三颂"－唱经班"天主经"－唱经班"天下万国"－平安礼－唱经班《中华合一弥撒》"羔羊颂"－主祭与全体应答诵唱"主，我当不起"－全体诵"领圣体前经"－全体领圣体－唱经班"主读我心"、"和平工具"－全体诵"领圣体后经"

5、礼成式：

祈祷祝福词－唱经班"礼成咏"－仪仗队退堂－全体诵经－礼

毕－教堂内外合影

在平日弥撒中，主祭通常诵唱部分仪式经文，如"致候词"、"光荣颂"、"读经"和"福音"的首尾应答等。而在大瞻礼弥撒中，诵唱的部分会更多，这是传统的格里高利圣咏的吟诵式平调，教会称"歌唱弥撒简调"。谱例 8-1 是圣诞节专用的颂谢词，12 月 25 日东八方村的天明弥撒仪式中由主祭诵唱：

（谱例 8-1：歌唱弥撒简调-圣诞节颂谢词，《感恩祭典（一）》724-725）

第九章　田野考察：仪式中的音乐
——圣事礼仪

第一节　圣体圣事

圣体圣事是天主教最神圣的圣事礼仪，也是教会礼仪的顶峰和核心。它有多个名称：感恩祭、领圣体、擘饼、分饼礼、主的晚餐等，是弥撒仪式最高潮的体现和最深刻的表达。圣体圣事是一次献祭仪式，但是以不流血的方式重新出演耶稣十字架流血的献祭。天主教教义认为，耶稣以流血的方式在十字架上作为无罪羔羊一次性永远地作为牺牲，而弥撒仪式上面饼和葡萄酒经过主祭祝圣后变为耶稣真实的肉体和血，这是他以不流血的方式临现于饼酒形中，每次的感恩祭即是回忆和纪念的重现。除了核心的圣体圣事外，教会允许对圣体的其他敬礼方式有，明供圣体和圣体降福、圣体游行、圣体大会等。

一、平日弥撒——内蒙古鄂托克前旗敖勒召其镇弥撒点

内蒙古鄂尔多斯地区鄂托克前旗是当代蒙古族天主教信徒的集中地区，它位于内蒙、宁夏、陕西三省的交界地，也是鄂尔多斯民歌的发源地之一。1902 年精通音乐的比利时圣母圣心会神父彭嵩寿（P.A. Van Oost）搜集整理并刊印了多首鄂尔多斯南部地区的汉族民歌和蒙古族音乐，并将当地民歌与天主教音乐相结合创作出新的当地风格圣歌，刊印为 *Vingt Cantiques sur Textes Chinois*（《二十首中文圣歌集》Chang-Hai, 1922）。如今这些圣歌已经难觅踪迹，

虽然有老信徒指出当地现代编纂歌集中的部分歌曲可能就是这些圣歌，但笔者从其音乐风格上判断仍有存疑。

敖勒召其镇是鄂托克前旗政府所在地，这里并没有教堂，而是一个平房组成的弥撒聚会点。政府批准出资修建的教堂位于交通不便的糜地梁，因此天主教爱国会的主要办公地点就在镇里。2011 年 10 月 23 日笔者参与该弥撒点的常年期第 30 主日弥撒仪式，该弥撒点是一个平房小院，若不是大门处矗立的十字架，从外形上看很难知晓这是一个天主教会所在地。仪式在其中一间较大的屋子举行，室内完全按照天主教堂的布置装饰：主祭台、宣讲台和长条跪凳简单而不失庄重，右侧黑板上用汉语书写"答唱咏 – 上主我的力量、主我爱慕你"，祭台处墙面挂有大幅十字架苦像、圣母、耶稣茨冠和圣诞马槽的圣像画，两侧墙面分别挂有耶稣十四处苦路像，每幅画像的下面用蒙文和汉文注解。当日弥撒中，来者约 30 人左右，有蒙古族和汉族信徒，蒙古族信徒集中坐在右侧长椅处，参与者以中老年女性为主，所有人均着汉族服装。8:30 信徒聚集由一位修女带领用汉语普通话读早课经，其中念到伏求圣神降临经和耶稣圣名祷文开始诵唱，音调为 3 3 3 2 3 2 1 -。8:40 主日弥撒仪式开始，以汉语为主，部分环节和歌曲使用蒙语。下为实录：

1、进堂式：

进堂咏"我们来到上主的圣殿" – 圣号经 – 垂怜经 – 蒙语唱"光荣颂" – 主祭诵唱集祷经

2、圣道礼仪：

读经一（出谷记 22:20-26） – 读经二（得撒洛尼前书 1:5-10） – 全体唱"阿肋路亚" – 福音（圣玛窦福音 22:34-40） – 信友祷文 – 蒙语唱"信经"

3、圣祭礼仪：

预备祭品 – 汉语唱"杯子" – 主祭蒙语主持成圣体血 – 汉语和蒙语念领圣体前经 – 汉语念谢主经 – 汉语唱"天主经" – 天下万国 – 平安礼 – 羔羊颂 – 汉语和蒙语念领圣体经 – 领圣体礼 – 汉语唱"最知心的朋友" – 领主后经

4、礼成式：

弥撒礼成 – 汉语和蒙语念经 – 主祭和辅祭退堂 – 信徒退堂找主教登记弥撒

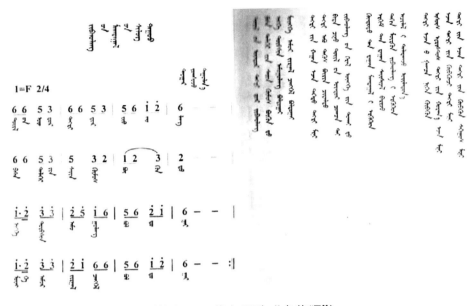

（谱例9-1：蒙文圣歌"光荣颂"）

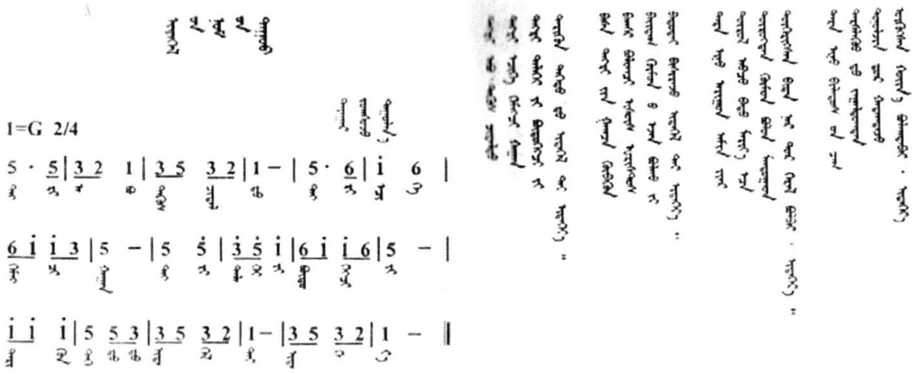

（谱例9-2：蒙文圣歌"信经"）

　　蒙古族信徒虽然主要集中于前旗地区，但因为地广人稀、交通不便、教堂太少、神职缺乏等多种因素，教会对他们牧养和福传的工作一直相对困难。现有一位年轻的蒙古族神父巴日斯主要负责教会各项事务，他每日十分繁忙，不仅顾及本辖区的工作，还要负责陕南地区部分教会的事务，并经常穿梭于宁夏教区，越野弛车成了他必不可缺的工作内容。这场弥撒仪式的主祭是一位马姓蒙古族主教，由于年纪太大，除了分发圣体以外，他一直坐在祭台的椅子里，讲道的环节也略去。年长的马主教住在前旗弥撒点里，主持平日弥撒和蒙古文翻译的工作。全国唯一的一本蒙古文《圣歌集》，就是他的编译成果。书中歌曲加祷词共计 66 首，用简谱和蒙文印刷，大部分是从旧时拉丁文四线谱翻译过来的圣歌，另有一部分是他用鄂尔多斯蒙古族民歌编写的圣歌，如仪式中唱的"光荣颂"和"信经"等。（谱例 9-1,9-2）

二、平日弥撒——北京教区宣武门教堂青年互动弥撒

自 2006 年 9 月起，北京教区宣武门教堂将每周六晚的主日前夕弥撒定为青年互动弥撒。就仪式本身而言，其程序和内容与传统常规弥撒别无二样，但它以另一种轻松活泼的形式表达着神圣庄严以外的宗教情感。互动是这种新型弥撒的主要目的，神父走下祭台与信徒互动，唱经班走下唱经楼与会众互动，大家手拉手、互相拥抱握手、彼此祝福等等，这种拓新的尝试为的是更吸引青年人亲近天主教。就笔者的观察而言，这种方式很大程度上受当代基督新教的礼拜风格和当代天主教会的流行风格影响。青年互动弥撒的圣歌内容更多地选择了亲切、通俗乐风的新教中文诗歌，而这正是保守天主教礼仪观极力反对的。但面对基督新教如火如荼的传教热情和爆炸式的人数增长，天主教会在向青年人传教时，也只能于徘徊中接纳年轻人所喜欢的方式。不仅北京的宣武门教堂有如此的尝试，在全国各地的天主教会中，年轻人新风格的探索均受到青年人的欢迎和老年人的反对，而几乎所有的教会青年团体都以流行音乐为自己的风格定位。笔者遇到的多位各地教区负责青年工作的神父，几乎无一例外地谈及天主教福传工作的滞后以及基督新教传教与音乐同步飞速发展的现状。而一些思想更为开明的神父，甚至允许在本堂区开展备受教会争议的摇滚乐队作音乐福传工作，如广西南宁市耶稣圣心堂的玛格丽特乐队。不过，如何适宜、适度地使用流行音乐，仍是各地教会面临的艰难挑战。

2010 年 10 月 16 日晚，宣武门教堂举办常年期第 29 主日前夕青年互动弥撒。仪式正式开始前，南堂中文则济利亚唱经班全体身着绿色短袖 T 恤坐在一楼会众座椅的左前排位置，教堂内已经坐满，仍还有人陆续进来。每人手拿内部出版的《南堂周刊》，上面印着本次主日的歌曲和经文。一位唱经班成员手拿话筒站在祭台下方，在坐在一旁由电子琴、电吉他和架子鼓组成的乐队伴奏下带领全体练习演唱"主当我向你跪下的时候"。（谱例 9-3）这首歌曲来自非常流行的基督新教《迦南诗选》第 681 首，词曲作者吕小敏是一位颇

受争议的河南农村基督新信徒。虽然天主教和新教的音乐选曲上存在不小的差异，并存在着微妙的排斥行为，但教会通常在非正式出版选辑歌曲时不会刊印作者的名称和出处，大多数天主教信徒对所选歌曲并不了解，只要符合自己的信仰允许范畴就能接受。而这种领唱式的集体歌唱正是新教礼拜的传统领唱法，同时电声乐队的加入和轻松装束的唱经班使这个古老的教堂突然拥有了与往常不太一样的氛围。

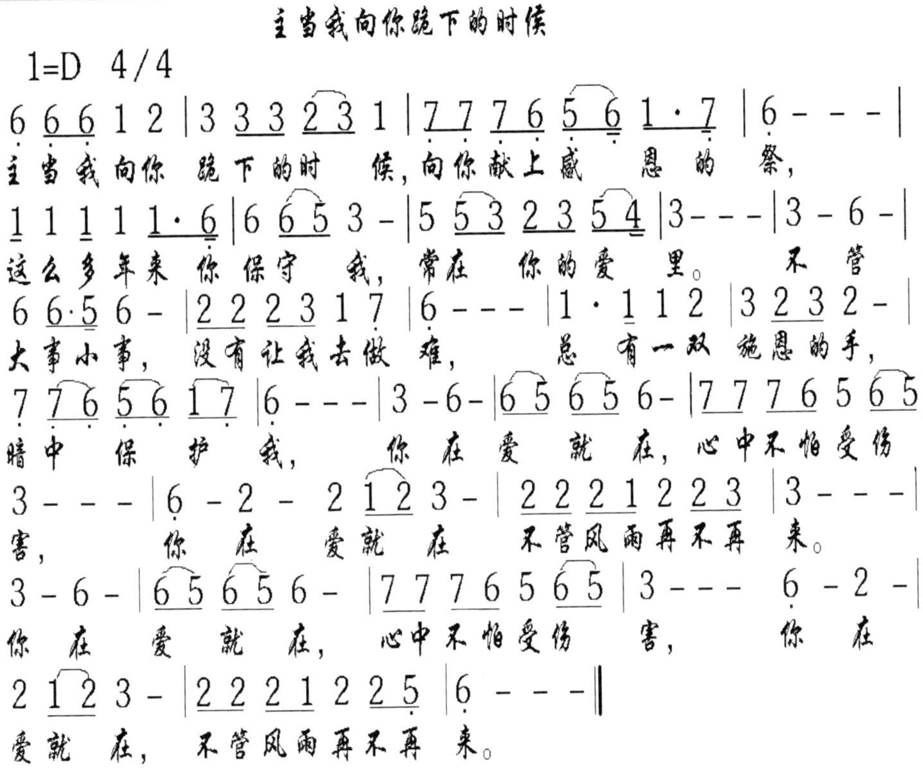

（谱例9-3：新教诗歌"主当我向你跪下的时候"）

诗歌唱毕，Z神父在祭台下手持话筒主持，他带领大家一起朗读今日弥撒中的福音经文（路加福音18:1-8），在询问一位女信徒读经感受之后，作了简短的讲解。这是很不同的准备活动，类似于家庭式礼拜和小组学习，在基督新教中较为常见。这种方式使参礼者感觉亲切，也更进一步了解仪式中的内容。当日也是中国传统的重阳节，神父邀请全体祝福老者，并掌声欢迎第一次来访者和赠送小礼物，以欢迎大家再次来到教堂。这些细小而温馨的环节是多数基督新教会的惯用方式，在天主教堂有所体验却是笔者多年田野的首次。接下来，X 神父请大家安静心灵以接受弥撒圣祭的开始。

1、进堂式：

　　主持邀请大家起立，并告知以"进堂咏"开始弥撒仪式。当电声乐队奏响进堂咏"光荣颂赞上主"时，传统的香炉和十字架等的辅祭队、儿童辅祭队、手持白玫瑰的唱经班、福音书和主祭的仪仗队缓步进入教堂，所有队伍各回座位，主祭与辅祭围绕祭台献香行礼。主祭与会众应答对唱"致侯词"，主祭简短讲解当日的青年互动弥撒含义和祝老者重阳节快乐，并请全体认罪祈祷公诵"垂怜经"和歌唱"垂怜曲"、"光荣颂"，接下来神父读"集祷经"。

2、圣道礼仪：

　　主持讲解－女读经员读经一（出谷记 17:8-13）－主持讲解－领经员与会众应答对唱"答唱咏"－男读经员读经二（弟茂德后书3:14-4:2）－主持讲解－全体唱"福音前欢呼阿肋路亚"－主祭从祭台高举福音书、辅祭队跟随并献香行至讲台－主祭与会众应答对唱"福音"－主祭向福音书行礼、划大十字圣号、焚香－主祭读福音－主祭高举福音书与会众应答对唱"福音"　－主祭讲道（讲道中，主祭用了音乐 PPT 用"蝴蝶和花"的故事比喻信仰中的祈祷，全体听完鼓掌）－主祭领唱全体应唱"信经"－主祭简短讲解－信友祷词－主祭简短祝福

3、圣祭礼仪：

　　主持讲解－全体唱奉献礼品歌"上主请受纳"－儿童和成人献礼队手捧蜡烛、圣爵、鲜花、奉献袋等行至主祭并献上－收奉献员按座位依次向全体会众收取奉献金钱－献礼经－主祭与全体应答对唱"颂谢词"－主祭念""颂谢词－全体唱欢呼歌"圣圣圣"－全体跪下－主祭成圣体血－辅祭献香摇铃－全体起立，主祭与全体应答对唱"信德的奥迹"－主祭祈祷－主祭双手持圣爵与圣体诵唱"圣三颂"－全体应答唱"阿门颂"－主祭领唱、全体手拉手应唱"天主经"、唱完鼓掌－主祭祈祷－全体唱"天下万国"－主祭求平安、全体握手问好互行平安礼、主祭辅祭下祭台与全体信徒握手问好、

全体鼓掌齐唱"主是平安"－全体唱"羔羊颂"－主祭擘饼，全体念"主我当不起请到我心里来"－领圣体礼－全体唱"渴慕天主"、"祈求"、"求圣母开心"、"主当我向你跪下的时候"（主祭分发完饼，高举右手与大家一起唱歌，唱毕全体鼓掌）－主祭念领主后经－主祭问候大家、鼓掌感谢

4、礼成式：

主持讲解－主祭与全体应答对唱"降福礼"、"弥撒礼成"－全体鼓掌唱"去吧、弥撒礼成"－辅祭和主祭仪仗队行礼后退堂－主持结束语散场

这场青年互动弥撒中很多独特的细节都是传统弥撒中未曾出现的，如每个具体仪式环节之前都有一位神父主持人在台下提前简短讲解，这有利于参与者了解弥撒礼仪，而不是不知其意地跟从行事；除了主祭诵唱或领唱的传统经文之外，所有的歌曲都是流行风格并用流行乐队伴奏的，这样能迅速拉近圣礼与参与者的距离，很多歌曲唱完之后大家发自内心地鼓掌反馈就是突出的表现，这种场景在基督新教会中最为常见；神父和唱经班从台上到台下、从楼上到楼下位置的调整，主祭亲切的话语与问候、运用音乐 PPT 生动地讲道、挥舞双手与大家一起唱歌以及唱经班亲民的 T 恤着装等细节，都无一例外地展现"青年"与"互动"的主旨，而仪式结束后迟迟不愿离去的人群证明了这一实践的可行度。

三、圣体游行——山西太原教区杜家村教堂

圣体游行的传统源于 1264 年的中世纪欧洲教会制定的圣体节，是对圣体特别的敬礼方式。今日的天主教国家，仍然延续这一传统，在圣体节举行圣体游行仪式。游行中选用的祷词和歌曲，通常以纪念圣体和表达基督信仰为主，不选择圣母歌和圣母祷文等。系列仪式主要包括公念玫瑰经、圣体游行、朝拜圣体等。隆重的圣体游行仪式，为公开表明对圣体圣事的感恩敬拜，信徒聚集一起与圣体一路同行，象征在耶稣的陪同下一起走向天国，因此队伍通常会从一座教堂出发游行到另一座教堂。中国城市的教堂多因地方狭小和其他原因无法实现游行大礼，多在教堂内或邻近街道短途行进。乡村教堂基本不存在这类问题，逢遇村野田间的圣体游行，热闹喧天的鞭炮、福传车队、管乐队、锣鼓队、秧歌队、唱经班、辅祭班等，由熙熙攘攘的信徒簇拥着，

从这村行至那村，完成隆重的祈福礼仪。2008 年 5 月 24 日，太原教区杜家村堂口举行圣体游行庆祝基督圣体圣血节，仪式分为三部分：

1、预备：

信徒在教堂内跪念玫瑰经→身披白色绣花祭披神父的扬举圣体光转身加入游行队伍→游行队伍鱼贯走出教堂，顺序如下：十字架→双明灯→男孩辅祭班举着数面旌旗→统一制服的女子管乐队（军鼓、钹、萨克斯、小号、中音号、长号）→身穿白裙手提花篮扮成小天使的女孩辅祭班→两男子辅祭倒退行走不停地为圣体焚香→神父高举圣体光→前后四人搭成活动的绣花圣体棚覆顶在圣体光之上→身穿白袍的唱经班成员→信徒人群

2、游行：

队伍走到一轻型敞篷式卡车处，车上用蓝布打搭好了半封闭临时小堂，内有白色祭台→神父与辅祭上车→圣体棚撤下→管乐队及人群分立两旁奏乐观候→鞭炮放响→圣体光放置祭台上→全体下跪朝拜圣体→唱圣歌"敬拜圣体"、"真而又真"→辅祭焚香→辅祭打铃→神父唱经→神父高举圣体光面对人群行降福礼→管乐队奏乐→唱经班唱歌→神父及辅祭下车→圣体棚覆顶圣体光之上→游行队伍前行→放鞭炮者最先开道放炮→卡车缓慢领队→游行队伍随之其后→行至下一处时重复相同仪式，共计四处举行圣体降福仪式→每逢一处，神父举起圣体带着不同的意向祈求，教友们即下跪祈祷。

3、进堂：

游行队伍行至另一教堂→乐队奏乐→唱经班唱歌→仪仗队及乐队候于堂外→其他人进入教堂→全体跪下→神父行至教堂祭台处→→小天使向圣体撒花→辅祭摇铃→乐队奏乐→神父高举圣体光上下左右向人群行降福礼→全体颂唱"请赞美上主"→神父将圣体光打开→将圣体放回圣体柜中→仪仗队和管乐队此时进堂→弥撒仪式开始（常规弥撒，程序略）

2009 年 6 月 13 日晚，紧邻太原教区的忻州教区南关堂区为迎接次日圣体圣血瞻礼先举行弥撒仪式，后明供圣体，信徒在教堂内彻夜朝拜。14 日晨各地信徒参与圣体朝拜，随即开始圣体游行。扮成小天使的孩子向圣体

撒花瓣，唱经班、读经班、乐队紧跟圣体轿后，鞭炮音乐齐鸣。行至玫瑰园村，神父举扬圣体，降福村庄田地，求赐风调雨顺、五谷丰登。行至晏村教堂，举行圣体朝拜和弥撒仪式。下午南关堂口举行明供圣体仪式，信徒公念玫瑰经、听道和自由祈祷，神父再次举扬圣体降福人群。太原教区和忻州教区两地堂口举行的圣体游行仪式相同，信徒朝拜圣体时颂唱传统的拉丁文格里高利圣咏，管乐队多选用通俗的圣歌音乐大齐奏，锣鼓队敲奏多为助兴增光。

第二节　其他圣事

一、圣秩圣事——山西太原教区 2010 祝圣助理主教大典

　　圣秩圣事是授予神职的仪式，分为"大品"的执事、司铎和主教的圣秩授予仪式，以及"小品"的读经员和辅祭员的圣职授予仪式。2010 年 9 月 16 日，太原总堂举行圣秩礼仪晋牧大典，祝圣孟宁友神父为太原教区助理主教（助理主教有实际继承权，待现任主教卸职后，即继任教区主教一职）。孟是建国以来首位获得中梵双方政府承认的中国太原教区主教，也是 2010 年继呼和浩特、海门、厦门、三原、台州和延安教区主教之后，第七位获得中梵政府认可的中国主教。孟本人还在 2008 年北京奥运会中担任太原站 122 号火炬手，因此这场仪式分外隆重，受到天主教界和地方政府的高度重视。

　　太原总堂的唱经班－天音合唱团早在两个月前就紧锣密鼓地为大礼排练，前文提及的耿辉老师特谱曲《愿善牧基督的名受显扬》和《主教您是基督的牧者》两首用于当日大典。整场祝圣主教大礼弥撒仪式中的歌曲，除一两首外，其余都是耿辉作曲的圣歌，主选《中华合一弥撒》套曲。天音鼓乐团也正加紧排练，并着手采购新的队服。笔者提前一周到达太原总堂，目睹其繁杂的准备事宜：印刷宣传册纪念单、艺术团彩排、食宿接待准备、教堂内外清洗翻修、与市政商讨演练安保措施等等，几乎所有的教会人士都在为此事忙碌。

　　2010 年 9 月 16 日早，太原总堂广场上天音鼓乐团排好队形，等待仪式开始。四周由市政警察和教堂安保布控，人群熙熙攘攘在围栏外张望。由于人数太多，除特邀人员和本堂信徒外，已不对外开放。9:30 教堂外的鼓乐团开

始隆重演奏太原锣鼓"七大套"，共敲击两遍。教堂内早已坐满信徒、修女、修生、神父、主教和各级领导，所有信教人士公诵祈祷经文等候大典开始，堂内走廊及出口布满安保人员，为安全起见防止人员随意走动。天音合唱团全部成员着装红白二色相见的唱诗袍，在二楼唱经台等候准备。一台电风琴是主要伴奏乐器，一支小编制民乐队：两把二胡、一架扬琴、一把笙、一把琵琶，将为今日西北风格的《中华合一弥撒》的伴奏增色。当日指挥为王斌，耿辉任艺术指导。仪式由太原教区现任李建唐主教主礼，汾阳、晋中、宁夏、内蒙呼市教区主教襄礼。山西各地教区及北京、天津、上海、河北、河南、湖南等地的神父 116 位参与共祭，约 5000 名信徒参礼。仪式分为五个部分：开端礼、圣道礼仪、主教圣秩授予礼仪、圣祭礼仪、遣散礼，以下用图表实录仪式全程以及仪式中音乐曲目的对应：

1、进堂式

仪　式	音　乐
进堂式：香炉、十字架、辅祭、福音书、共祭司铎、受祝圣者、 襄礼及主礼主教进堂，向祭台致敬。主礼主教给祭台上香。	进堂咏：亨德尔曲"阿来路亚"
致侯词：主礼与全体应答	
忏悔词：主礼与全体应答	垂怜经：耿辉曲"中华合一弥撒 – 垂怜曲"
	光荣颂：耿辉曲"中华合一弥撒 – 光荣颂"
集祷经：主礼与全体应答	

2、圣道礼仪

仪　式	音　乐
读经：全体主教带上主教冠；读经员读旧约厄则克耳先知书 34:11-16； 全体回应感谢。	答唱咏：圣咏
	福音前欢呼：耿辉曲"阿来路亚"
福音：全体主教免冠；主礼主教手持牧杖；执事与全体应答	

3、授予主教圣秩礼仪

仪　式	音　乐
全体起立	传统诗歌"伏求圣神"
宣读批准书：主礼及襄礼主教戴冠，受祝圣者被带领到主礼主教座前， 襄礼与主礼主教应答，全体坐下，宣读批准书，读毕，全体回应感谢。	
训词：主礼主教说明主教的职务	
圣秩许诺：受祝圣者起立于主礼主教面前，二人应答。	
宣誓：受祝圣者宣誓，主礼主教祝福	
诸圣祷文：全体起立，全体主教免冠，主礼主教宣礼，全体跪下， 受祝圣者全身仆伏在地，歌咏员领唱祷文，唱毕，主礼主教祈祷，全体回应感谢。	应答对唱经文：诸圣祷文
祝圣礼：全体起立，全体主教戴冠，受祝圣者在主礼主教前跪下，主礼主教和其他所有主教为其头顶覆手；主礼主教把打开的福音书覆在受祝圣者头顶，两执事站立左右手扶福音书；全体主教免冠，主礼主教伸开双手，念祝圣祷文，其余主教亦在中段低声齐诵。全体念阿门。福音书彻去，全体主教戴冠坐。	
傅油礼：新助理主教跪于主礼主教前，主礼主教束上覆膝布，在他的头上傅"坚振圣油"，同时祈祷祝福。完毕，主礼主教洗手。	
授福音书：主礼主教将福音书授予新助理主教，同时祈祷。后者阿门回应，接过书亲吻，交与执事，放回圣器桌。	
授戒指：主礼主教将戒指戴在新助理主教无名指上，同时祈祷，后者阿门回应。	
授冠：主礼主教为新助理主教带上礼冠，同时祈祷，后者阿门回应。	
授牧杖：主礼主教将牧杖授予新助理主教，同时祈祷，后者阿门回应。	

登上牧座：全体起立，主礼主教邀请持牧杖戴礼冠的新助理主教，坐在该教区的牧座之上，全体鼓掌，主礼主教改坐新助理主教右边。	
平安礼：新助理主教起立，放下牧杖，与全体互祝平安。	
	耿辉曲"主教您是基督的牧者"

4、圣祭礼仪

仪　式	音　乐
新助理主教戴冠，接过信徒地上的饼和酒，开始弥撒仪式。	奉献咏：耿辉曲、徐光启词"赞主颂"
献礼经：新助理主教祈祷，全体阿门回应。	
感恩经：全体主教除去小红帽，新助理主教念祈祷词。	圣哉经：耿辉曲"中华合一弥撒－圣圣圣"
信德的奥迹：主教领唱，全体应答对唱。	应答对唱经文：信德的奥迹
祈祷：新助理主教高声祈祷，四位共祭主教代祷。	
举扬圣体血：新助理主教举扬圣体，执事举扬圣血，辅祭焚香打铃。	
领圣体礼：新助理主教领唱天主经	天主经：耿辉曲"中华合一弥撒－天主经"
天下万国：新助理主教祈祷，全体阿门回应	"天下万国"
平安礼：新助理主教与全体互祝平安、握手、拥抱	耿辉曲"互祝平安"
新助理主教把圣体掰开，放一份在圣血内，合掌祈祷默念。	羔羊经：耿辉曲"中华合一弥撒－羔羊颂"
领圣体圣血：新助理主教祈祷，全体唱诗应答。	耿辉曲"主我当不起你到我心里来"
领主咏：全体排队轮流领圣体	领主咏：传统诗歌"将你重担交托主"；耿辉曲"活泉"、"登上诺亚方舟"、"基督圣体"
领主后经：全体主教戴小红帽，新助理主教祈祷，全体阿门回应。全体主教戴冠，戴礼冠持牧杖的新助理主教下祭台，开始巡游，举手祝福全体会众。	领主后经：耿辉曲"愿善牧基督的名受显扬"
谢主辞：新助理主教讲话并领唱谢主辞，全体应答对唱。	应答对唱经文"谢主辞 Te Deum"

5、遣散礼

仪　式	音　乐
隆重祝福礼及礼成式：新助理主教回到祭台，戴冠伸手祝福祈祷、手持牧杖祈祷，全体应答回应。	传统诗歌"愿跟随主歌"
全体共祭人员向祭台行礼，列队前往教堂外，弥撒仪式结束，全体合影。 教堂外的天音鼓乐团此时开始再次演奏共度庆典，鞭炮放响。	

（图表 9-1：太原教区主教祝圣仪式与音乐实录）

二、婚配圣事——山西太原教区总堂的集体婚礼

在教堂举办婚礼，成为当代中国都市年轻人日益崇尚的方式。与中式婚礼存在一些喧闹嘈杂、礼金往来、取笑捉弄的习俗相比，洁白的婚纱、优美的圣歌、神圣的氛围、庄重的誓言、动人的承诺是很多女孩心中的梦想。无论信教与否，对婚礼这件人生大事的美好期盼，使越来越多的都市年轻人更愿意选择走进教堂。而在不少乡村地区，常见传统婚礼上新娘穿着白色甚至红色的婚纱行中式传统礼俗。

天主教的婚配圣事强调夫妇二人是爱的结合应当成为一体，以天主上帝对子民的盟约之爱为基础，以基督与教会的互爱为模型。当代年轻人婚恋问题已成为社会关注焦点之一，出于信仰原因，天主教信徒选择对象的范围会更窄。为此，很多教会成立婚姻辅导组，举办青年联谊会等各类活动，为单身信徒搭建交友平台。针对已婚家庭，举办家庭信仰生活见证分享交流活动，并为已婚夫妇举行婚礼弥撒仪式，重宣婚配誓愿。有些教区为提高终生独身的神父处理信徒婚姻个案的能力，还专门邀请婚姻专家授课培训。

婚配圣事是为婚礼祝福的仪式，通常有几种情况：弥撒仪式中举行的婚礼（双方都是天主教信徒）、弥撒仪式外举行的婚礼（一方为天主教信徒，一方为新信徒）、信徒与非信徒的婚礼（一方为天主教信徒，一方为尚未领洗者）。婚礼仪式的具体程序，依据 1969 年罗马教廷礼仪宪章实施委员会新订《婚姻礼典》翻译的中文版《婚姻礼典》。通常为增加婚礼弥撒的隆重感和欢乐氛围，歌曲的选择范围就其他弥撒而言要宽松得多，除了传统曲目之外，欢乐喜庆而又通俗流行的新教诗歌被广泛用于天主教婚礼弥撒仪式中。

婚配圣事分为四部分：欢迎礼、圣道礼仪、婚礼部分、婚礼弥撒（圣祭礼仪）。其中婚礼部分主要是询问双方是否同意结婚和新人回答以及双方交换戒指的程序，弥撒结束时神父会三次向新人行祝福礼。中国各地天主教会根据不同习俗加入适当的中式礼节，如放鞭炮、拜谢双方父母等。

2004年12月26日圣家节，山西太原教区总堂举办了隆重的百人婚礼庆典。参与人员均为人到中年的已婚家庭，在此补办婚配圣事重誓宣言。隆冬，高大的教堂里十分寒冷，但刚过的圣诞节和难得的百人婚礼喜庆使人心暖流四溢。所有参与的男方西装革履，女方几乎全套白色婚纱，他们的孩子披上小白袍、头戴圣诞帽坐在父母身边。对于很多年过半百的妇女们来说，这是她们平生首次穿上婚纱重新体验新娘角色的神圣美好。进堂仪式在瓦格纳的"婚礼进行曲"播放下开始，全体起立开始欢迎礼，身披小白袍头戴圣诞帽的孩子队伍挥舞彩旗列队进堂，神父随后，全体新人盛装列队进堂入座。在宣讲今日弥撒的内容意义之后，婚礼弥撒仪式开始。程序为进堂式、圣道礼仪、婚礼部分（百人共同宣读婚姻誓言、每对夫妇带领祈祷）、圣祭礼仪（所有夫妇进入祭台参与共祭）。在婚配圣事中，夫妇二人领受祝福，再次重温新婚的美好和体验婚约的神圣含义，弥撒仪式在门德尔松的"婚礼进行曲"中结束。

近几年，年轻人越来越希望婚礼不仅有庄严的圣歌，还更应有亲切通俗贴近青年心声的歌曲出现。例如，山西太原总堂年轻信徒组成的青泉合唱团逐渐替代传统唱经班–天音合唱团在婚礼中的任务，专门负责婚配圣事中的选曲和歌唱，他们在传统弥撒套曲的基础上适量增加一些年轻人喜欢的圣歌以活跃气氛，有时电声乐队也会加入。大多数信徒会选择中西结合的方式，即婚礼前两家人相见、定亲以及迎新娘的习俗照旧，仪式选择在教堂里新人穿白色婚纱和西式礼服由神父举行婚配圣事，结束后新人在酒店礼换上红色旗袍和西式正装举办中式酒席款待亲友。

三、圣洗、坚振、告解与傅油圣事

圣洗圣事是天主教的入门礼，分为儿童洗礼和成人洗礼。儿童洗礼仪式包括第一部分迎接礼：开始时与父母和代父母的对话、在儿童额头上划十字圣号，第二部分圣道礼仪：圣道礼仪的意义、信友祷词、护佑经、傅望教者圣油，第三部分圣洗礼：祝圣洗礼用水、弃绝魔鬼和信德宣誓、洗礼、补充仪式（受洗后傅油礼、授白衣、授蜡烛、开启礼），第四部分结束礼：新受洗者与父母和代父母等列队走向祭台、诵念天主经、祝福礼。成人接受圣洗圣事之前需要一个较长的预备阶段，教会希望孕育培养成人的心灵以达到信仰的成熟度，使日后的信仰生活能够扎根。首先要经过教会举办的望教期培训第一阶段，进入望教期仪式包括欢迎礼、圣道礼和遣散礼三部分，望教期间举行的礼仪有圣道礼、覆手祈祷礼、祝福礼和过度仪式四大类。第二阶段是最后准备时期，举行登记礼，仪式包括推荐候洗者、主礼致词、询问候洗者、收录礼、为被选者祈祷、遣散礼等。登记礼之后，教会为等候受洗者准备考核礼、授经礼、近准备礼三类特殊的礼仪。此时期的仪式配合四旬期礼仪，为复活期圣周六受洗做准备。第三阶段是接受入门圣事，成人洗礼仪式实际上是同时接受圣洗、坚振和圣体三件圣事，即成人洗礼后，立刻领受坚振礼，在弥撒中领受圣体。教会将这三件圣事成为入门圣事，通过这些才能真正成为天主教会的成员。坚振圣事包括开始礼、覆手和傅油礼（在领受者额上傅油划十字，为神印）、结束礼（信友祷词、天主经、隆重降福等）。第八章第一节复活系统之圣周礼仪和复活瞻礼的仪式中，实录了圣周六的圣洗和坚振圣事。

告解圣事是忏悔礼，可以个人和集体举行。天主教礼典正文第四章详细说明举办该圣事可选的经文、悔罪经、答唱咏、导言以及赞颂歌咏等。告解圣事的方式是悔罪，目的却是和好，因此也被称为和好或修和圣事，它与病人傅油圣事统称为治疗圣事。因主的名给病人傅油，习惯上称为终傅圣事，即人生最后领受的一件圣事。礼仪改革后将其定义为病重者而不是将亡者的圣事，因此改称病人傅油圣事。病人傅油礼包括开始礼、忏悔经、读经、祷文、祝圣病人油、在病人额头与双手傅油、结束礼。在病危时通常还施予告解、傅油和临终圣体三件圣事。

天主教的圣事礼仪是一套完备的人生心灵礼仪，从一个人的出生、成长、婚礼、生育、疾病、死亡等所有历程，用礼仪来养育俗世的肉体和灵魂，最终期待走向永生和肉体的救赎。

第十章　田野考察：仪式中的音乐
——圣仪与其他

第一节　葬礼

　　葬礼没有被列入传统的天主教七大圣事之列，有其历史原因。天主教葬礼含义特殊、礼节隆重，程序遵循 1969 年罗马教廷圣礼部新订《殡葬礼仪》。中国教会使用翻译过来的 1972 年版中译本，并根据本国国情对殡葬类型加以改编。天主教相信死亡相当于人的第二次洗礼，是逝者脱去尘埃归回天家，成为天国百姓一份子的过程，这不是生命的结束，而是迎来永远的生命。因此，新订《殡葬礼仪》的每一个执行环节充分表达了天主教对待死亡的末世神学观。殡葬仪式处举行追思弥撒外，主要包含守灵（包括守夜礼为亡者诵祷）、入殓礼（打安所礼）和殡葬礼（在亡者家中祈祷、教堂弥撒、墓地安葬，包含游行礼），具体内容有祈祷、圣歌、洒圣水、献香、圣道礼、祷文、祝福等。

　　在天主教礼仪中，除葬礼外，与死亡相关的还有傅油圣事和追思礼仪。傅油圣事为已经开始有死亡危险的病重者获得平安祝福的礼仪。山西太原总堂在每年九九重阳节，为年过 60 岁的老年信徒及病患者举行集体傅油圣事祝福他们，使这一中国的传统节日赋予更深的涵义并得以天主教神圣化。追思礼仪是纪念亡者的仪式，中国历史上的"礼仪之争"即源于中式祭祖传统与天主教文化观念的冲突。如今天主教信徒纪念亡者，规避了传统清明节的时间和习俗，统一在 11 月 2 日追思已亡节中为亡者求弥撒祈祷、打安所礼纪念，这即是天主教的"清明节"。例如，近年山西太原教区小店堂口的信徒追思亡者时，把已逝亲人的遗像拿到教堂排列成吊唁台，没有遗像的将亡者姓名、圣名及心愿写下放在其上，神父会为此做弥撒，从信仰角度解释死亡，并要求大家在炼灵月里坚持祈祷，以便将炼狱灵魂引领到天国，弥撒后人们围在遗像前举行追思礼，这种方式逐渐被大家认可并受到称赞。完整的与葬礼有关的仪式有，从病人傅油礼开始至葬礼弥撒，葬礼后追思弥撒，其他时间为亡者祈祷诵念日课，每年过追思已亡节。

一、河北献县教区主教葬礼

1999 年 10 月 23 日河北献县（沧州）教区第八任主教侯经文突遇车祸去世，25 至 28 日全教区神职人员及信徒敬献花圈进行吊唁，29 日举行殡葬仪式。整个丧期的仪式分为以下几部分：

第一部分守灵吊唁礼：亡者遗体先放置在水晶玻璃棺中，停放于老主教座堂内，四周围绕鲜花、蜡烛、十字架苦像、圣水瓶和遗像。吊唁仪式时堂内播放哀乐，亲属全身白孝长跪于两侧侧，神父向遗体洒圣水、祈祷。吊唁群体在铜管乐队的伴奏下从教堂外面依次排队进入堂内，默哀、三鞠躬礼、公诵为亡者经并围绕遗体一周瞻仰遗容。

第二部分入殓礼：29 日晨 6:00 身穿白色祭袍和紫色祭披的神父队伍先行至教堂广场处，安放遗体的水晶棺随后被抬出，参礼人群已将广场挤满，铜管乐队站立道路两侧吹奏哀乐。仪式开始，身穿白衣和紫色领带的主礼神父先向家属致唁，然后念导言、圣咏和祷词，再向棺木洒圣水和献香，全体唱"天主经"，主礼再次祈祷，家属跪向棺木两侧追思，唱经班唱诗。

第三部分追思弥撒和追悼会：29 日晨 8:00 在教区老主教座堂广场外的道路上，数支身着黑白两色的追悼队伍在教堂列队等候，不同堂区的军乐队各自演奏哀乐和圣歌音乐，鞭炮沿路燃放，亲属全身白孝跪在广场中棺木停放的道路两侧。广场上放置大幅主教遗像，挂着白色挽联的棺木停放遗像前，上盖缀满白花的黑色棺布。教堂门口搭了一个白色的临时祭台，神父队伍进入会场祭台时，唱经班唱亡者弥撒"进堂咏"。主礼向祭台行礼、并围绕献香，开始追思弥撒，有集祷经、读经、答唱咏、福音及为亡者祈祷文。仪式结束后追悼会开始，主持致词全体默哀，铜管乐队奏哀乐，领导、主教、修生、修女和亲属代表致悼词。追悼会结束后举行安葬礼，唱经班唱诗歌，主礼为主教祈祷，参礼的主教和神父们为棺木洒圣水，并围绕棺木一周献香，唱经班唱"天主经"，主礼祈祷，全体行三鞠躬告别礼，主礼再次祈祷，唱经班唱诗，众人将棺木、十字架苦像和花圈抬上卡车驱车前往墓地下葬。

第四部分安葬礼：12:40 车队到达墓地，数支铜管乐队同时演奏哀乐和圣歌音乐，一群戴孝的女性亲属在已经挖好的坟坑边痛哭，坟头立着一个白色的十字架。巨大的红色棺木被人们从车上抬下来，在一片哀乐声和吆喝声中用麻绳缓慢地放进墓坑内。主礼在坟墓前行告别礼，祈祷并与全体应答诵念诸圣祷文、唱"天主经"，接着主礼向坟墓洒圣水、献香、祈祷，完毕主礼起先铲土带领众人封棺、填土，家属跪在坟前哭灵、向亡者行礼，唱经班唱诗歌，礼毕。2011 年 10 月 22 日献县教区的主教和神父在主教座堂为侯经文主教举行追思弥撒，纪念侯主教逝世 12 周年。

2007 年 12 月 20 日河北献县（沧州）教区第七任主教刘定汉逝世，葬礼定于 27 日举行。虽时隔数年，这位刘主教的葬礼也同样如侯主教的一般，有守灵吊唁、入殓礼、追思弥撒和追悼会、安葬礼的程序。守灵吊唁期间，刘主教的遗体摆放在主教座堂大堂祭台下方，亡者身穿主教服、披挂十字架、头戴主教冠、手戴白手套和主教权戒。遗体头部前方摆放着一个十字架苦像和蜡烛的小祭台，四周围满鲜花，吊唁时仍有青竹、鲜花、花圈等不断送入。吊唁队伍进堂时整齐有序，鼓号队行进奏乐，堂内先进入的铜管乐队也同时循环吹奏哀乐，所有全体吊唁者着黑装，胸口别一小朵纸白花，向遗体鞠躬并围绕一周瞻仰遗容，部分信徒跪在遗体前划十字圣号为亡者祈祷念经。吊唁期间教区现任李主教每日在教堂内举行追思弥撒，很多信徒自发组织拜苦路为主教祈祷。由于此时正逢圣诞期间，大量信徒前往教堂参与瞻礼活动，遗体后被暂时移往院内老教堂处。2007 年 12 月 27 日圣若望宗徒瞻礼日，主教殡葬礼仪在张庄主教座堂举行，当日雾雨交加天气寒冷，省市领导与教区 7 位主教、150 多位神父、200 多位修女和万余名信徒参礼。7：30 张庄主教座堂的宽阔广场上已站满信徒，各堂区军服着装的 8 支鼓号队奏响哀乐。祭台设在教堂大门正前方平台处，台阶上摆列花圈和花篮，下方摆放亡者水晶玻璃棺和遗像，周围鲜花簇拥。8：00 游行队伍进入教堂广场，最前方是信徒抬着的主教巨幅遗像，辅祭队、修女队、神父队及信徒随后。这支长约 300 米的队伍在鞭炮声中，从教堂外一路敲鼓奏乐浩浩荡荡走来，给不大的献县造成不小的轰动。8：30 追思弥撒开始，河北各地教区的主教与神父共祭。10：00 瞻仰遗容，主教、领导和信徒依次向遗体三鞠躬，绕灵柩一周。13：00 召开追悼大会，全体默哀 3 分钟，各地代表致悼词、宣读唁电、亲属致词。14:00举行入殓礼和告别礼，将主教遗体从水晶棺中抬进将要下葬的木质棺椁中，铺盖布和鲜花盖棺，由主教主持举行告别礼，仪式结束后全体护送灵枢前往云台山教会墓地安葬。

二、山西忻州教区神父葬礼

2009 年 12 月 1 日，曹世善神父的追思弥撒及葬礼在山西忻州市畦子沟天主堂举行，葬礼准备工作已于几天前完成。当天在进入教堂前的一段土路处，用黑底白字的充气球搭成一个大型的丧门，各色花圈摆放在道路两侧直到教堂处。至教堂外院，白色拉花和扎花挽联装饰满院。进入教堂，尚未盖棺的灵枢摆于祭台前，头戴礼冠、身着深蓝色绣图神父祭服、受持白色念珠的遗体停放其中。棺木两头漆有彩色天使、十字架、耶稣等图案。棺木前方搭有一个小祭台，上方是一座十字架苦像，下面摆放遗像，两旁点燃两只白色圣蜡。整个棺木被鲜花和花圈围绕起来。此时一些信徒和亡者亲属正为亡者念经，而彻夜守灵祈祷的功课自神父逝世到举行葬礼已持续了数日。亲属男女分立两排，全身白色麻布孝衣孝帽，而列队最后的孩子们则身着黄色孝衣孝帽腰系红带。教堂外陆续开始当天的工作安排，所有人事已用白纸张贴出来。内容如下（姓名略）：

> 工作人员安排－总管 1 人、副总管 5 人、管库 6 人、接待 4 人、架盘第一组 16 人、架盘第二组 12 人
>
> 人事安排－一、仪仗队：十字 1 人、香炉 1 人、执蜡 2 人、辅祭 1 人
>
> 二、扛遗像 4 人
>
> 三、抬棺：前 8 人、后 8 人、备用 8 人
>
> 拿花圈 73 人、拿鲜花 4 人
>
> 二组：15 人、管水 5 人、看火 3 人、看车 4 人、记礼账 4 人、本村3 人
>
> 仪仗队程序：1、吊炉 2、十字架 执蜡 3、五伤蜡 4、遗像 鲜花 5、礼车 6、花圈 7、彩旗 8、乐队 9、外地教众 10、修女 11、修士 12、神父 主教 13、本地教众戴孝 14、家属 15、灵枢
>
> 第三组架盘（家里）：下盘 9 人、帮厨 4 人、总管 9 人、折菜 11 人、洗碗 4 人、一组 11 人

参礼者与信徒陆续来到，头戴白色孝帽的工作人员立刻忙于招待、接收礼金、记账和登记签名。先后抵达的本地及外地堂口乐队在外院各占一席奏乐表演，"音乐会"最先到场，编制有大鼓、大镲、笙、笛、管子、云锣等，演奏传统曲目及影视歌曲。声音洪亮的管乐队后来居上盖过音乐会，编制有大军鼓、小军鼓、小号、中音号、大号、萨克斯、长号、手风琴、小镲、电子琴等，主要演奏单旋律的教会歌曲。各色乐队分别来了4、5支，统一制服在院落中各自的地盘自吹自奏，激烈竞争声音的热烈程度和对围观人群的吸引力，民族乐器的音乐会迅速败下阵来。不多时锣鼓队抵达，每队均有20-30人，铿锵锣鼓的巨大音响立即制止了现场其他乐队的竞争而独领风骚，有部分管乐队不甘下风仍在吹奏，甚至有的队伍支上扩音器演奏哀乐，但锣鼓队的金属打击乐效果快速吸引了人群，民乐队成员索性拿着乐器在一旁围观。敲完几曲，过了新鲜劲的人群似乎突然醒悟，纷纷各自归队更加大声地自吹自奏。教堂外院立即成为音响的一锅热粥，顿时闹成一团，而人手较少、乐器也不够响亮的音乐会成员只得观战，看热闹的人群则在各色队伍中钻来钻去，这是参与葬礼仪式最轻松、最俗世的一刻。此时神父们在内屋准备白袍紫披的祭服，主教则头戴小红色，外着紫色祭袍。当日仪式由太原教区主教主礼，忻州教会两位神父襄礼，其他教区16位神父共祭，现场1500余人参礼。

10:00外院演奏停止，仪仗队先行进堂，身穿白色丧服的管乐队奏乐行进其后，修女、修士、神父、主教依次走进教堂向灵柩鞠躬入座，已在堂内身着孝服的亲属们跪迎队伍。丧葬弥撒开始（常规弥撒），分进堂式、圣道礼仪和圣祭礼仪。当领完圣体后，音乐会特别奏乐，主教为亡者祈祷并说明弥撒仪式结束，追悼会即将开始。11:40忻州教区神父主持追悼会，程序为入殓礼（打安所礼）和告别礼：

奏哀乐三分钟全体默哀→宣读吊唁名单→各代表致哀辞→亲属致答谢礼→全体唱圣歌→洒圣水礼（主教、神父及亲属轮流围绕棺木鞠躬洒圣水）→乐队奏乐伴奏→奉香礼（主教与神父轮流围绕棺木鞠躬焚香）→全体三鞠躬→主教念祷词

遗体告别礼：全体唱祷文→亲属下跪→女性家属围绕灵柩抚摸遗体哭灵→盖棺→乐队奏乐→用木制榫卯封棺→众人念经列队出堂→外院各色乐队同时奏乐

13：00 行安葬礼，灵柩被扶枢发丧至畦子沟墓地。仪仗队、鲜花队、灵枢行至黑色充气丧门处停，人们为灵柩披上红色棺布并安装抬架。安装完毕，男性家属领先列队手提绳索象征扶枢，抬棺轿紧跟，女性家属随后行进哭灵。送葬队伍由安装两个大喇叭不同播放哀乐的礼车开道，彩旗队、各色管乐队、音乐会、锣鼓队随后，丧旗、鲜花、花圈和信徒尾随。行至畦子沟墓地，墓室早已砌好，为混凝土屋室造型，内可站立容纳数十人。下为安葬礼：

> 灵柩去棺布→管乐队继续奏乐→抬棺入墓室→全体静→神父祈祷→神父进墓室为棺木焚香→神父出墓室→应答式唱经求主赐安息→全体划十字圣号、唱圣歌→封闭墓门（内封一层木门，外封一层铁环门）→管乐队奏乐→墓碑和遗像抬到墓门前→神父带领祈祷→全体诵天主经→神父向墓碑洒圣水、焚香、划十字圣号→所有亲属面对墓室下跪祈祷

原先矗立于教堂的花圈此时已全部被摆放在墓室四围的山坡处，人们纷纷离开墓地回到教堂准备吃饭。教堂内外院已摆好 35 个餐桌，饭菜即刻上桌，神父在就餐时向各界道谢并告知今日仪式结束。一场千人的礼仪在有条不紊的组织氛围下热闹而神圣地落下帷幕。

在中国的天主教礼仪中，葬礼较其他仪式而言比较容易与本土文化混融。尤其在乡村地区，浓郁的中国传统文化因素掺杂在程式化的西式宗教文化中。例如，在以上的葬礼实录中可以看到，披麻戴孝、停灵、守灵、哭灵等风俗被一定程度地保留。[1]

第二节　朝圣

天主教信徒向圣地朝圣的传统由来已久，朝圣的过程和结果都为达到个人或集体信仰程度的进深提高。自天主教传入中国以来，本国信徒在无法实现前往欧洲朝圣的前提下修建多处属于自己的朝圣地。华北地区著名的朝圣地有山西板寺山圣母朝圣地、山西洞儿沟七苦山圣母朝圣地、山西洪桐韩罗堰圣母山、河北东闾中华之后圣母堂、河北献县露德庄圣母朝圣地、内蒙古磨子山圣母朝圣地等。每年教会礼仪规定的 5 月圣母月和 10 月玫瑰月，是天主教信徒前往各处圣地朝拜圣母的集中时段。此期间，各地教堂纷纷举办各

---

[1] 关于中国早期天主教葬礼的深入研究，读者可参考比利时汉学家钟鸣旦的《礼仪的交织-明末清初中欧文化交流中的丧葬礼》，上海古籍出版社，2009 年。

类敬拜圣母的活动，如圣母敬礼祈祷、诵念或默想玫瑰经和圣母德叙祷文、诵唱圣母歌曲等。

一、北京教区曹各庄、后桑峪教堂朝圣

2009 年 5 月 14 日，笔者参加了北京西什库教堂举办的圣母月活动之一：门头沟区后桑峪圣母山和曹各庄天主堂的朝圣之旅。门头沟区斋堂镇军响乡后桑峪村是北京地区较有名的天主教信徒村，最早在 1334 年建有天主堂，是北京西部地区著名的教堂，1902 年露德圣母山建于教堂后方小山处，现成为北京教区重要的圣母朝圣地。报名参加朝圣者，每人缴费 35 元，发一张车票，午餐自备。当日早 8:00，在西什库北堂门口三辆金龙大客车载 150 名乘客出发朝圣。除了笔者和司机以外，所有人都是天主教信徒，还有 2 位来自海拉尔的蒙古族信徒，她们下一站的朝圣地是上海佘山圣母堂。车行途中，老信徒起头带领大家念简易玫瑰经（圣号经 - 信经 - 欢喜五端 - 痛苦五端 - 光明五端），为一路行程祈求平安。约一个半小时的车程之后，全体到达后桑峪村天主教堂。今日行程包括三部分：后桑峪教堂弥撒仪式、后桑峪圣母山朝圣和曹各庄教堂朝圣。

第一部分后桑峪教堂弥撒仪式：后桑峪是一个旅游村，道路整洁规划有序，但村中人口多为留守老人和儿童，每逢游客到来，人们会在村口铺上核桃、山楂之类的土特产贩卖。朝圣者们下车步行片刻，一到村庄口便看到墙上贴着大幅的彩色圣母圣心画像。进入教堂院落，有一蓝顶的中式小亭，内有圣母像一尊，后面的墙壁贴着大幅的"后桑峪路德圣母发显简介"字报，人们纷纷祈祷行礼、拍照留念。白色仿哥特式风格的教堂建有钟楼尖塔，被三面山峦环绕，在一片村落中显得别有风情。堂内东部为祭台，西部为音乐楼，可容纳 400 人。信徒们入堂之后点圣水、行礼、立在跪凳上，集体诵念大日课经。北堂的神父首先上台讲解今日朝圣之旅，随即后桑峪本堂神父上台讲解本地的历史境况，辉煌的宗教历史引得台下一片赞叹。讲毕弥撒仪式开始，为进堂式、圣道礼仪、圣祭礼仪和礼成式，没有唱经班，由全体歌唱"进台咏"（第一套）、"答唱咏"（第一套）、"阿来路亚"（第一套）、"奉献曲"（第一套）、"领主曲"和"我要赞美，一心爱你"，所有曲目按照弥撒仪式的程序印在单张纸上，发给到场的每一位。（谱例 10-1）

（谱例10-1：后桑峪教堂弥撒仪式曲目）

　　第二部分后桑峪堂圣母山朝圣：弥撒仪式结束后，人们前往圣母山朝圣行拜苦路仪式。教堂后面是天然的山峦，依着上山的狭窄道路，修建了之字形的耶稣受难14处苦路。神父和身穿白衣红袍、手持十字架苦像的信徒走在队伍开头，领经者次之，朝圣者随后。首先进入"上天之门"，墙壁上用彩色粉笔大大书写"中华圣母"，一截台阶拐弯处有十字架像，下面立着刻有圣方济各祷词的圆形石碑。前行几步第一处苦路到达，由铁架铸成红色十字架、半个蓝色地球以及绿色画像框的简易形状，内嵌"第一处耶稣被钉死"的画像。白衣红袍手持苦像者表情严肃首先站在苦像处面对朝圣者，此时全体跪下，一位老年女信徒用略带哭腔的领经与大家应答诵唱"十四处苦路经"，另一位老年女信徒讲解经文。一路跪下祈祷、唱经、念经，蹒跚而行，直到所有苦路全部走完，最后到达半山腰的露德圣母山时约花了40分钟的时间。一路的苦楚终于可以一扫而尽，此时人们的心情已经非常兴奋，纷纷迫不及待地拥挤进入狭窄的圣母山大门。大圣母像背靠山脊，依山建造了一座平台供大家朝拜，朝圣者面对圣母像全体跪下，集体唱起"圣母经"（江文也曲）、"进较之佑、为我等祈"等圣母歌曲。礼毕，各自合影留念，唱"圣母谢主曲"。12:30 修女院开饭，人们下山带出自备食物，就着教会提供的山野凉菜和粗粮杂粥结束了早上的朝圣之旅。

第三部分曹各庄教堂朝圣：后桑峪教堂的午饭结束后，朝圣者们坐上大客车，前往曹各庄教堂朝圣。门头沟区曹各庄村的曹各庄天主堂始建于清光绪七年（1881）年，1995 年重建。现教堂周边的环境尚未改造，卫生条件较差。教堂整体建筑为四不漏式房屋样式，兼有中国硬山式和欧洲哥特式的外观特点，院落的一面墙壁上画着整墙面的圣婴圣诞和天使庆贺画像。教堂内部有 100 多平方米，可容纳 150 人。因过完复活节不久，祭台上的装饰仍是五彩缤纷。待人们进堂坐下之后，本堂神父上台介绍教堂的状况，完毕信徒带领祈祷，唱经、念经约 10 分钟左右，本日的朝圣之旅就此结束。

二、山西太原教区板寺山圣母堂朝圣

太原教区有两处著名的朝圣地：阪泉山（板寺山）圣母堂和洞儿沟圣母七苦山。距市区 40 公里的阪泉山圣母堂位于太原市阳曲县东南侯村乡阪泉山上，在此处朝圣的传统始于清"礼仪之争"时期，具体年代不详，距今约有 200 多年的历史。洞儿沟圣母七苦山位于太原市晋源区西南 10 公里处，在此处朝圣的历史源于 100 多年前当地百姓为秋收时节的风调雨顺祈求十字架的庇护。七苦山顶的祭坛完全模仿天坛祈年殿样式，圣母大殿仿照故宫太和殿样式，教堂内的圣像画是中西合璧元素，圣母像仿效慈禧宫廷装，顶端布满鲜艳的藻井，深蓝的主色调勾勒全堂，这是不多见的中式新建教堂之一。

每周六和每年 5 至 10 月的每月 13 日，以及其他月的首瞻礼七，都有来自全国各地的信徒前往两处朝圣。朝圣庆典主要集中在 8、9 月期间：8 月 2 日博俊古辣圣母大殿奉献日、8 月 15 日圣母升天节、9 月 8 日圣母诞辰庆日为阪泉山三大朝圣庆典。圣枝主日前星期五和 9 月 15 日痛苦圣母纪念日为洞儿沟七苦山的朝圣日。各朝圣地的设计遵循同一模式：由山下开始安置第一处苦路亭（或碑），沿之字形蜿蜒上山，每步行一段距离设计一处苦路亭，共计十四处苦路亭，直到山顶的教堂处。信徒从头走起，每一处下跪、祈祷、念经、唱诗，这个仪式被称为"拜苦路"，是为体会与耶稣共同经历走向死亡的痛苦路程。当耗费体力精力走完全部苦路时就已登上山顶，此时人们进入教堂举行弥撒仪式共度庆典。

前文摘录《圣教杂志》刊登 1935 年 8 月 15 日山西汾阳田家庄圣母堂朝圣和 1931 年山西屯留跑马岭村重建圣母博俊古辣殿圣堂银庆纪念，便是两篇难得的山西地区朝圣之文字记录，文中所叙场景与笔者今日所见除少了拉丁额我略圣歌（格里高利圣咏）外无有不同。2010 年 9 月 8 日和 12 日，笔者参加阪泉山圣母诞辰庆日和主日的朝圣之旅，在此实录：

2010 年 9 月 8 日为圣母诞辰庆日，海拔 1600 多米阪泉山雾大云深，在清晨下起了密密的细雨，透出初秋的冷瑟。虽然是传统的庆日，但因为是周三加上天气状况不好，上山朝拜的人似乎不多。大约到十点左右，陆续上山来了三个附近小村的教众。每村的队伍统一为十字架打头，旗帜仪仗队随后，统一自制军装的铜管乐队大齐奏教会歌曲，还伴随着锣镲等桄榔敲奏，信徒在最后边走边祈祷唱歌。第三个村的队伍以大鼓开道，中间有一群人抬着饰满彩色绢花的"圣母篓子"（放置圣母像的小彩轿）一路前行。通行的耿辉老师告诉我，往年有很多村子抬着自制的"圣母篓子"一路演奏上山。人多时，锣鼓队和音乐会各打擂台热闹竞技。在旧时，还会有村民光脚打赤膊拿鞭自抽为旱季祈求雨水，这称为"苦鞭"，老人说抽着鞭子进堂时，雨水就会倾盆而下。传统习俗上，在阪泉山求雨时队伍从教堂正门进入，谢雨时队伍需从教堂后门进入。每年 5 月求雨，9 月谢雨，感谢圣母保佑风调雨顺。这是典型的农耕社会文化与西式宗教的结合，圣母玛利亚在一定程度上替代了中国传统的观音娘娘或其他神仙，但在功能上并无差别。今日圣母诞辰即为谢雨感恩，游行队伍依次从后门绕道进入教堂。先到的人已经坐在教堂内祈祷念经，最后一只队伍抬着"圣母篓子"进入祭台右侧，人们安置好轿子，就将轿帘掀起，在内部点燃蜡烛供奉圣母像。全体跪下吟唱和诵念"圣母德叙祷文"等祈祷经，等待神父与辅祭上祭台，弥撒仪式开始（常规弥撒）。祭台左边的铜管乐队配合仪式，时不时敲奏一通宣扬气氛，不大的教堂难以容纳如此响亮宏杂的音响，使坐在一旁的笔者感觉震耳欲聋。祭台右边摆放一台电子风琴，一女孩在弥撒中用单旋律伴奏。站立其后的唱经班成员持手抄的简谱歌本，在仪式中颂唱"全能弥撒"套曲。仪式结束后，人们陆续出堂交流闲聊，厨房早已准备好馒头和猪肉烩菜。每人都在祈祷划十字之后，共享集体吃饭的香甜。

2010年9月12日星期天，阪泉山阳光明媚气温回升，笔者一行清晨再次上山。当日是主日瞻礼加上好天气，且为弥补周三圣母诞辰庆日没有上山的缘故，沿路有很多朝圣队伍热闹前行。披挂彩绸的十字架、鲜花围饰的"圣母篓子"、五颜六色的仪仗队旗帜、统一军装的铜管乐队、笙笛胡琴的音乐会、手拿经书的祈祷人群在初秋的山上构成一幅幅亮眼景致。朝圣分拜苦路和弥撒仪式两部分：

拜苦路：从上山的第一处开始，每处仪式相同，诵唱固定的"十四处苦路"祈祷经文。程序如下：队伍行到苦路亭全体跪下→大唱经文（旋律歌唱）→唱"十四处苦路圣歌"→小唱经文（平调吟诵）→大唱经文（旋律歌唱）→音乐会吹奏→诵念经文→起立前行→边走边念经→至下一处苦路→至十四处苦路完毕→铜管乐队和音乐会奏响→从后门进入教堂→鞭炮齐放"十四处苦路圣歌"流传于全国各地天主教会，专用于"拜苦路"仪式中。其旋律类同东北民歌"摇篮曲"前半段，歌词具中国民谣口风，余下13段歌词此处略。

十四处苦路圣歌

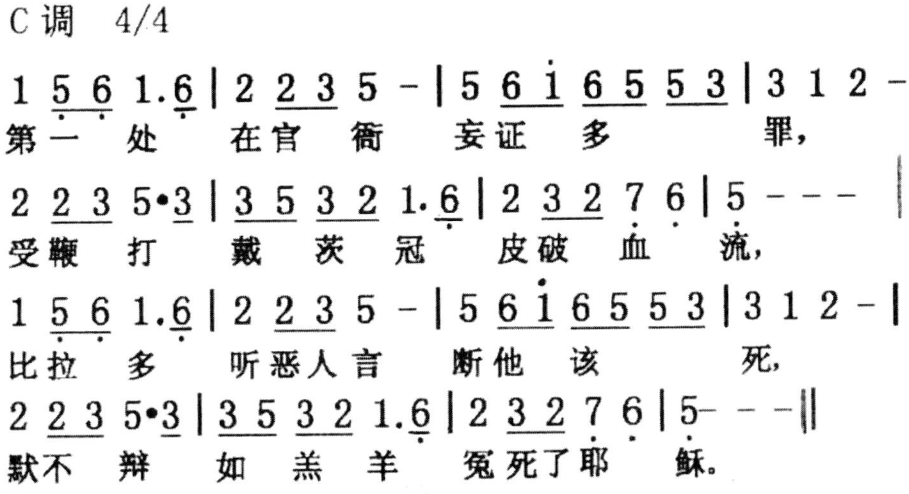

C调　4/4

（谱例10-1：十四处苦路圣歌，《圣乐荟萃》2003：14）

弥撒仪式：弥撒开始前管乐队和音乐会各自奏乐应"圣母篓子"进入教堂放置→早已入堂的教堂下跪唱"圣母德叙祷文"→管乐队停→音乐会吹奏"圣母经"→音乐会停→全体继续跪唱"圣母德叙祷文"→唱念"早课经"→弥撒仪式开始（常规弥撒）：开端礼→圣道礼仪→圣祭礼仪→遣散礼。

第三节 祈祷

一、祈祷经本

祈祷经本是天主教信徒人手必备的功课书籍，人们相信祈祷次数和人数越多就越有功效。祈祷属于天主教礼仪神学的圣仪之范畴，不属于核心仪式的内容。祈祷经本虽是语言文本，但念、颂、唱均可。

以山西太原教区为例，《通功经》是近代太原教区的标准祈祷经本，竖排繁体字排版，采用半文半白式汉语译本，加上各地方言的诵念，听起来别有一番韵味。笔者购得一本，封里注明 1845 年主教杜述，1939 年主教凤重印。全书分天主圣教通功经序、凡例、弁言以及 9 个章节，具体为关于平日并主日、天主瞻礼、圣母瞻礼、圣神圣人瞻礼应诵各项经文以及关于因时宜诵、恭敬圣体、帮助善终、拯救炼灵、诸圣母各会并箭祷大赦各项经文。内附祈祷功课说明、重要经课的念法以及功效，并在多处经文明确注明"唱"。如第一节之"定心祝文"注明"若铎德奉祭宜唱此经"，"感谢耶稣经"注明"弥撒毕唱此经"，第二节"庆贺祈求圣母经"最后一句是"唱圣母祷文"。经书中选用不带乐谱的圣歌歌词，如"圣诞歌"、"圣母痛苦词"、"赞颂圣母诗"、"圣母歌"等。太原总堂的副本堂孟神父告诉笔者，以前人们以务农为主，时间较充裕可以每天念经。整本《通功经》几乎全用有音律的曲调唱下来一次，需要花费一两个小时。现在如果用这样的念经方式，只会吓跑年轻人。因此自 20 世纪 90 年代中文弥撒开始之后，很多传统经文由唱改念或读，长期下来人们忘却了很多的祈祷曲调。现代白话文的祈祷经本，有太原教区 1994 年圣母无原罪节内部发行的《弥撒经歌》。这是一本集圣歌与祈祷经文的口袋式小册，目的为了信徒咏唱礼仪经文并配以合适的圣歌，以此更体现出对弥撒礼仪的参与性。全书编有信友通用弥撒规程、信友祷词以及教会常用祈祷经文几类，其余为圣歌乐谱。另有一本《赤子童心爱耶稣——常用祈祷经文》发行于 2008 年，此书的编排更为详实全面，没有乐谱，专供念经祈祷所用。内容包括教友须知、进出圣堂礼、早晚课、玫瑰经、苦路善工、弥撒规程、季节弥撒曲及圣歌（歌词部分）、圣月经、助善终经、为新亡者经、各节庆经文、其它祈祷诵、七件圣事等。《祈祷手册》是临近太原的汾阳教区内部发行，无出版年代，并在太原各堂区售卖。此书为了适应现代人的需要，在《通功经》的基础上参考各地的祈祷经本编成，内容与其它经本大同小异，无乐谱但选录数首圣歌歌词。

　　北京教区 1979 年出版了文言文版《经文简集》，内容包括早课晚课、弥撒圣祭经文、圣母玫瑰经十五端、圣路善工、祷文和临终经，该书的内容较少，仅有 70 页。现在北京教区通用天津教区重印的老版《圣教日课》，以文言文为主，部分祷文是白话文。河北献县教区使用本教区出版的《圣教日课》，也是半文半白的文体。内蒙古巴盟教区使用本教区出版的《基督徒手册》，内容均为现代白话文。这些祈祷经本的内容大同小异，或唱或念，是信徒使用于教堂或个人的公共祈祷经文。这些从拉丁文翻译过来的中文祈祷经本的源头，可以追溯到明清时期。以下列举部分明清时期天主教祈祷经本。（图表 10-1）

神职专用本	《弥撒经典》	极西耶稣会士利类思译
	《司铎日课》	司铎日诵之大日课经， 极西耶稣会士利类思译，1674 年刻于北京。
	《圣事礼典》	极西耶稣会士利类思译，1675 年刻于北京
通用本	《振心总牍》	大西耶稣会士费奇规译述
	《圣母小日课》	耶稣会士利类思识，1676 年北京出版，贞女普遍诵念
	《已亡日课经》	利类思
	《炼灵通功经》	利国安、龚宾同订，德玛诺准
	《显相十五端玫瑰经》	泰西耶稣会士毕多明撰，德马诺阅订
	《圣教日课》	龙华民著作，袖珍式祈祷文， 1602 年初刻于韶州，1793 年北京刻本
	《圣人祷文》 《圣母德叙祷文》	龙华民著作
	《圣若瑟祷文》 《天神祷文》	阳玛诺
	《耶稣圣体祷文》	艾儒略，初刻于《圣体要理》之后
	《四字经》	天主教要理，1642、1650、1798 年北京刻本， 1856 年上海土山湾刻本
	《圣心规条》	冯秉正，敬礼耶稣圣心的简要经文

（图表 10-1：明清时期部分传统祈祷经本）

二、诵经音声

由于中国地域多民族多语言的缘由，天主教祈祷经文在漫长的历史过程中逐渐形成了具有各地方言特色的诵念风格。这些腔调听起来似念非唱、或唱或念，使局外人听起来有些类似佛教念经，而中国天主教会也将这种公共祈祷俗称为"念经"。历史中念经的积极人群是女性信徒，以致教会后来规定男女分声部全体一起轮流念经。

从民族音乐学仪式音乐方法学的角度分析，天主教的念经祈祷有音声概念上的分层：从"近"语言/"远"音乐逐步向音乐性过渡的趋势。曹本冶提出解析仪式音乐方法学层面的思维方式，有"近~远"、"内~外"、"定~活"三个基本的两极变量境域。（曹本冶 2008:34-42）笔者对天主教仪式音声的解析，主要通过现有的音乐文本和实地调研记录的曲谱，内容涉及听得到的音声，包括人声以及器声中的器乐部分。

以山西太原教区为例，仪式音乐内的音乐谱本分两类：一类用于歌唱，一类用于器乐，其乐谱的音乐性属音声理论范畴的"远"语言/"近"音乐的概念。而仪式音乐内的祈祷经本，亦可念可颂可唱，其文本的语言性属音声理论范畴的"近"语言/"远"音乐的概念，但细究便可发现其内的分层有一个逐步向音乐性过渡的趋势。

信徒在教堂集体诵经时有一个领经人起头带领，此角色多为当地教会的会长。前文提及的耿辉老师，他的姥爷为太原教区会长，旧时一直在总堂领经。所有的祈祷经文有念唱之分，念经是平调，唱经时扬起来有音律。唱经有大唱（高唱）和小唱，大唱为大瞻礼所用，小唱为平日所用，平日念经时间短，节日唱经时间较长。如"圣母德叙祷文"大唱时有 18 分多钟，小唱有 11 分多种。旧时信徒念经有音韵曲调，现在的方式基本是读经。因此念经有音有韵的多是老者，年轻人并不喜欢用这样的方式祈祷。此处将经文诵念方法所产生出的分层与音声概念对照（图示 10-1）：

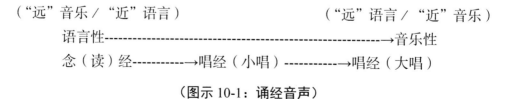

（"远"音乐／"近"语言）　　　　　　　　　　（"远"语言／"近"音乐）

语言性--→音乐性

念（读）经----------→唱经（小唱）----------→唱经（大唱）

（图示 10-1：诵经音声）

太原教区存在的这三种祈祷念经方式，是由念（读）经到音符浮动较小的平音调的唱经（小唱），再到近似音乐旋律线的唱经（大唱），这是一个逐步靠拢音声概念中的音乐性范畴。而太原南北地区的教堂以及总堂的诵经风格均有差异，北部音韵硬朗，南部音韵柔和，这与各地方言密切相关。笔者采录太原南郊西柳林堂区的诵经为南部风格，因搁置太久，人们也几经核对才开始颂唱。一旦确认曲调无疑，老太太们一致大本嗓子高调颂唱，老头们则特别卖力地吼唱应答配合。（谱例10-1"圣母德叙祷文"）

圣母德叙祷文（片段）

西柳林天主堂演唱
孙晨荟记谱

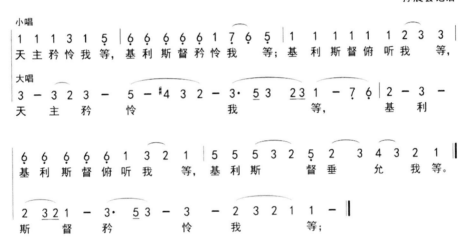

（谱例10-1：太原教区西柳林堂唱经"圣母德叙祷文"）

第四节　庆典

一、山西太原教区主教座堂百年庆典

2005 年山西太原教区主教座堂建堂 100 周年庆典，教区筹备组开展维修教堂和一系列的庆祝活动，内容以庆典仪式和音乐比赛为主。（图表10-2）

太原教区主教座堂百年庆典系列活动	
2005 年 4 月 9 日	洞儿沟堂口庆祝真福亚松达升天百年 拉开庆典序幕
2005 年 5 月 7 日	北固碾堂口举办圣体游行大会

2005 年 6 月 11 日	圪潦沟堂口举办圣经研讨会
2005 年 7 月 12-14 日	洞儿沟堂口举办青年联会
2005 年 8 月 6 日	红沟堂口举办民乐（音乐会）比赛
2005 年 9 月 17 日	南社堂口举办圣咏比赛
2005 年 10 月 1 日	沙沟堂口举办锣鼓比赛
2005 年 11 月 5 日	东涧河堂口举办管乐比赛
2005 年 12 月 31 日	主教座堂百年华诞庆典仪式

（图表 10-2：太原教区主教座堂百年庆典系列活动）

2005 年 4 月 9 日，为纪念在太原教区洞儿沟堂口逝世的意大利修女真福亚松达，教区举办亚松达升天百年庆典，作为总堂百年庆典的序曲开幕。当日，朝圣地七苦山洞儿沟彩旗飞扬人群熙攘，十多个堂区的信徒及神职人员几近万人集聚于此，来往百十辆拥堵周边交通。上午 9:00，主持宣布真福亚松达升天百年大庆和总堂落成百年纪念联袂庆祝大会开始，全体颂唱《天主经》。神父代表致开幕词，洞儿沟堂区神父介绍真福亚松达生平。随后庆典游行由十字架仪仗队前导，小学生彩旗队紧跟，八个乐队随行，后依次是男信徒、修女、修士、神父、主教、由八位青年抬着的大幅真福亚松达彩色画像、头披白纱戴着花冠的青年女子伴随、方济各三会会员、女信徒。游行队伍进入洞儿沟教堂，弥撒仪式开始。2 位主教主礼，30 多位神父共祭，耿辉指挥山西孟高维诺总修院修生和进修班修女演唱他的作品《献礼弥撒》套曲。午饭后，文艺汇演在洞儿沟教堂广场举办始。节目以亚松达的生活为主线，汇演节目有古城营女子管乐队齐奏《阿来路亚》、沙沟堂口男女二重唱《当我踏上这条路》、山西孟高维诺修院修生修女大合唱耿辉作曲的《真福亚松达颂》、南社堂口歌伴舞《感恩的心》、太原修女院表演《旅程》四幕话剧、孤儿院孩子歌伴舞表演、太原总堂女声齐唱《AMAZING GRACE》、下庄修女培训中心歌伴舞《谦卑使女》、洞儿沟堂口歌伴舞《主的爱女亚松达》、儿童舞蹈表演、男女二重唱《十字架的爱》、榆次教区亚松达传教修女会齐唱《真福亚松达传教修女会会歌》、姚村堂口的歌曲《圣神在远行》、沙沟堂口女子双人舞《祝福祖国》、古城营堂口女子独唱《爱使我们相聚在一起》、南社堂口小合唱《我们一起踊跃欢呼》、齐唱《欢乐颂》、诗朗诵《亚松达之歌》等等，节目间修女轮流宣读亚松达家书和院长修女的证词、会规、会宪。

2005 年 8 月 6 日太原总堂庆典系列活动第六站——红沟天主堂举办民乐（音乐会）比赛，东涧河、红沟、坪塘宽、西柳林、长沟村、尧尚村、洞儿沟、六合村、姚村 9 个堂口的代表队参赛。比赛当日，十字架仪仗队、各村的音乐会、神父主教等游行进堂举行弥撒仪式。进堂式由音乐会吹奏迎宾，弥撒间的礼仪奏乐由音乐会在二楼唱经台演奏，有传统曲目和教会歌曲，这种传统方式在 20 世纪 80 年代以后几乎消失。弥撒仪式结束后，比赛即刻在教堂内开始。评比标准如下：参赛队必须代表具体堂口；要求队容整齐、乐件齐全、组织有序；演奏曲目从《天主经》、《圣母经》、《又圣母经》中任选一曲；其余曲目需为圣乐，不包括社会流行曲目；要求做到演奏声音协调、音质均衡、节奏鲜明、有板有眼、高潮突出、优美动听；队容整齐、队形安排有序、服装整洁、精神面貌突出、做到有始有终。全体评委做到公正负责，百分制打分去掉最低高分以平均分为最后成绩。最后评出圣乐奖、优胜奖和优秀奖。

2005 年 9 月 17 日太原总堂庆典系列活动第八站——南社天主堂举办圣咏比赛，武家庄、东涧河、西涧河、南社村、六合村、西柳林、北寒村、圪瘩沟、沙沟村、杨家堡、洞儿沟、风声河、桃花营 13 个堂口的唱经班组成的合唱团代表队参赛。比赛当日，锣鼓队迎宾，管乐队、十字架仪仗队、神父主教等游行进堂举行弥撒仪式。弥撒仪式结束后，堂外舞蹈表演欢庆，各界代表讲话，比赛即将在教堂内开始。评比标准如下：参赛队必须代表本堂口，要求队伍整齐、组织有序，演唱富有艺术性，时间控制在每场十分钟左右；不设必唱曲目可自选，但需为古今中外的弥撒选曲、圣咏或圣教歌曲、自编创教会歌曲，不包括社会歌曲或旧瓶装新酒的流行歌曲（如将《满江红》、《日夜想念毛主席》、《长征组歌》等填上教会内容歌词）；要求发声科学，讲究音准等。全体评委做到公正负责，百分制打分去掉最低高分以平均分为最后成绩。

2005 年 10 月 1 日太原总堂庆典系列活动第九站——沙沟天主堂举办锣鼓比赛，六合村、东涧河、杨家堡、圪瘩沟、沙沟村、南营、长沟村、总堂、古交、风声河、黄花园、西柳林、红城、北寒村 14 个堂口的代表队参赛。比赛当日，十字架仪仗队、管乐队、神父主教等游行进堂举行弥撒仪式。弥撒仪式结束后，管乐队演奏行进先导出堂。比赛在教堂广场举行，开场管乐演奏运动员进行曲，各整装锣鼓队举牌列队进场，广播一一介绍入场队伍。鞭炮放响，主持人讲话，唱经班唱圣歌欢迎代表队。评比标准如下：参赛曲目内容健康积极向上，参赛队伍服装统一美观大方，表演富有激情造型设计得体，曲目编排创作手法新颖，选手配合默契组合多样，鼓点清晰节奏明快。全体评委做到公正负责，百分制打分去掉最低高分以平均分为最后成绩。最后评定 4 个一等奖喜乐奖、5 个优胜奖和 5 个优秀奖。

2005 年 11 月 5 日太原总堂庆典系列活动第十站——东涧河天主堂举办管乐比赛，峰西村、东涧河、风声河、北固碾、河上咀、洞儿沟、黄花园、大北村、红沟村、六合村、沙沟村、西柳林 12 个堂口的代表队参赛。比赛当日，东涧河堂区锣鼓队演奏太原锣鼓迎宾，十字架仪仗队、唱经班、各村管乐队、民乐团、神父主教等游行进堂举行弥撒仪式，仪式结束后东涧河民乐团演奏行进先导出堂。比赛在教堂广场举行，开场为管乐演奏、舞蹈和锣鼓表演、以及各界代表讲话。评比标准如下：参赛曲目以教会圣歌为主辅以世界名曲，每队演奏三首。要求服装统一，表演富有激情，可适当涉及队列变化；曲目新颖，创作手法别致，配器有序，声音均衡，音色嘹亮有气势；各声部乐器配合默契，铜管组、木管组、打击乐组乐器齐全；演奏能振奋人心；全体评委做到公正负责，百分制打分去掉最低高分以平均分为最后成绩。最后评定 4 个圣乐奖 、4 个优胜奖、4 个优秀奖歌和 5 个个人指挥奖。

2005 年 12 月 31 日上午 9:00，教堂钟声敲响，百年华诞庆典仪式拉开序幕。游行队伍从教堂后门出发，绕道至教堂广场。仪仗队先导，管乐队、各村音乐会（民乐团）行进演奏，方济各三会信徒、修女修士以及大幅圣像队列后，福音书、神父、主教、唱经班尾随。行至教堂外院广场，左右早已列队有总堂和六合村的两支锣鼓队在热烈演奏，两位锣鼓指挥轮流上阵，一时间各色乐器闹成一片，听者能感受一片片不同的声浪席卷入耳。管乐队进堂后吹奏圣诞歌曲《荣耀歌》欢迎队伍入位。60 余位神父参与整场弥撒共祭，教堂内的每一角落都挤满人群。仪式分开端礼、圣道礼仪、圣祭礼仪和遣散礼四部分，唱经班选曲拉丁文《天神弥撒》（Missa de Angeli）套曲和数曲圣诞颂歌。当日仪式特别的部分是在奉献礼中，信徒献上煤、醋、山西省地图和黄土这些本省特产。弥撒结束后，太原市各级官员代表致词庆贺，教区总务主任报告教堂维修状况，最后合影留念，庆典会随即开始。待所有各界代表在教堂外院广场落座后，太原教区主教领唱全体应唱《天主经》，唱毕两支锣鼓队开始变换队形演奏。接下来神父讲话介绍百年庆典活动情况以及各界代表讲话，最后由耿辉宣读系列比赛的成绩和获奖名单，锣鼓乐再次敲响，音乐会和管乐队各自在堂门口热烈演奏。闭幕词结束后，全体参会人员合影留念，持续大半年的百年庆典活动正式闭幕。

二、河北献县教区庆典仪式

2003 年 10 月 1 日，河北献县（沧州）教区大张庄耶稣圣心主教座堂举行重建后的祝圣典礼。教区李主教主礼，多位主教与 90 余位神父共祭，近两万名教友参礼，省市相关领导祝贺。老教堂于 1976 年拆毁，1999 年奠基重建，为此教区举办系列活动庆祝。9 月 30 日庆典前夜，来自教区各教堂的 1000 多名青年信徒在新教堂中手持蜡烛、颂唱圣歌，举办了泰泽音乐祈祷仪式。10 月 1 日 8：30 举行教堂落成剪彩礼，9：00 大礼游行，9:30 祝圣典礼，晚上在县人民影院举办献县（沧州）教区圣堂庆典"主爱中华"联欢晚会，演出以传统舞狮节目开场，以教区各堂口选送的节目为主，并特邀吴桥杂技团、总政歌舞团、总政军乐团的演员表演。晚会节目有：合唱"欢乐颂"（沧州教区合唱团）、女生独唱"走进新时代"（沧州教区合唱团伴唱）；杂技"顶花坛"（吴桥杂技团）；男声独唱"让我如何不想他"、"Panis Angelicus"（天津音乐学院）；儿童舞蹈"灰姑娘"；杂技"晃板"（吴桥杂技团）；女声独唱"祖国你好"、"塞北的雪"（总政军乐团）；女声独唱"主耶稣拣选了我"（沧州教区）；儿童舞蹈"闹金秋"；杂技"蹬大缸"（吴桥杂技团）；男声独唱"步步高"；女声独唱"为了谁"、"圣母玛利亚"；儿童舞蹈"算一算"；男声独唱"母亲"、"我的太阳"（总政歌舞团）；儿童歌伴舞"自己美"；教会歌曲联唱等。

河北献县教区成立于 1856 年（清咸丰六年），2006 年教区举办庆祝 150 周年华诞系列庆祝活动。云台山是教区几百位中外传教士的墓地，5 月 6 日首先在云台山举行"献县教区 150 周年庆典开幕式暨圣火点燃仪式"，"献县大张庄和平天使乐队"（军乐队）吹奏为庆典专门谱写的主题曲，举行"教区传教先贤纪念碑"揭碑礼。教区李主教随后点燃庆典火炬，乐队吹奏"欢乐颂"，接下来举行"纪念教区诸圣"弥撒仪式。在庆典活动的 150 天内，庆典圣火从 5 月 14 日母亲节亦是献县教区露德庄的朝圣日开始，从第一站露德庄向教区各市县传递。期间，各堂区的中西乐队奏乐列阵，信徒们纷纷举办隆重热烈的欢迎仪式迎接圣火。9 月 1 日 - 2 日献县教区张庄主教座堂召开"教区代表大会"，9 月 3 日在教堂为近 140 名慕道者洗礼。10 月 3 日 - 5 日，在张庄主教座堂举行"献县教区第一届神恩祈祷研习会"，推动"神恩祈祷运动"。10 月 12 日 – 13 日举办"天主教与构建和谐社会"研讨会，共有"构建和谐社会"、"教会自身建设"、"培训牧灵"、"福音传播"四个主题。10 月 14 日晚，在主教座堂玫瑰广场举行"主，同我们一起住下吧！"大型泰泽音乐祈祷仪式，结束后燃放 20 分钟的焰火。10 月 15 日本教区约两万人在张庄主教座堂参加教区 150 周年庆典仪式，在原公学圣堂举办"薪火百年"教区 150 周年发展历史陈列展。当日 8：20 举行庆典庆祝会， 9：30 长达 2 小时的庆典弥撒仪式开始，140 余位圣望会修女和 120 余位神父参加游行。14：00 在玫瑰广场举行"教区 150 周年文艺汇演"，节目时间长达 3 小时，有独唱、合唱、舞蹈、音乐宗教剧、拉丁文歌曲等。至此，系列庆典活动落下帷幕。

结　语：中国的天主教艺术
——音乐篇

天主教自入华以来，在宗教艺术方面并没有形成适应系统的本土文化体系。在建筑、绘画、雕刻等领域，很多传教士和中西艺术家努力探索中国文化与天主教精神相结合的可能性，留下不少闪光之作，如天主教美术界出现的一批艺术家和他们的作品，代表人物有陈路加、陈缘督、刘河北、陆鸿年等。相比之下，天主教音乐本土化的成果颇微，虽然也有屈指可数的几位代表性人物，如江文也、李振邦等，但其整体发展长期处于一种民间的、散发性的浅表层融合状态。对欧洲天主教音乐传统的学习缺乏以及对本国文化的认识浅陋，是中国天主教音乐发展的现实困境。因此，教会内部出现两极的声音：一是力推最正统的欧洲教会音乐传统，批评不符合圣教礼仪之音，以神职人员和教师为代表；一是挡不住的流行与世俗之风迅速博得人心，特别以青年和乡村信徒为主。一切似乎正在演变成简单化的"圣""俗"之争，面对该难题笔者并不另辟新观，此类争论从古至今从未休止。纵观历史，一些有识之士已提出不少中肯而精彩的看法，在此谨将历代关心此议题的代表性观点尽力呈上，结合前人之经验和本书之研究，进行反思和探讨。

1、近代的中国天主教艺术与音乐观

河北信德社 2003 年出版《中国天主教艺术》一书，内辑近现代中西教内外人士文章数篇，主要探讨美术和建筑艺术，仅有一段文字谈及音乐。这些不同时代、不同国籍作者的文章从艺术与宗教精神、审美特征与体现、艺术价值结构等多个层面论述天主教艺术中国本土化问题，提出很多颇有价值的观点和建设性意见，对中国天主教音乐的发展具有参考意义。书中辑有刚恒

毅主教的文章数篇，如"中国天主教美术"、"天主教艺术在中国"、"传教区的新艺术"等，均是他对中国天主教艺术风格的定位问题之探讨。意大利人刚恒毅枢机主教1922年任第一位罗马宗座驻华代表，1923年撰写报告书，详细讨论传教区的宗教艺术问题，1932年再次撰文探讨中国的天主教艺术。他希望中国天主教艺术（特别是建筑）能放弃西方的形式，采纳本国已有的优美风格。具体有四点：

（一）在中国，西方艺术，是一种错误不适宜的风格。（二）外来的艺术，只能助长那种已极普遍的成见，以为天主教是一种洋教（三）宗教艺术的伟大传统，教训我们，应当采纳当地的各种不同的风格。（四）中国的艺术很美，可以多方加以利用。（陈耀林2003:90）

刚恒毅主教力推采用中国艺术的决定性运动，但承认本地艺术的观点立刻带来了异议和难题，总归有四点：

一、普通说来，本地教友更喜欢欧式建筑。

二、韩国人、日本人，连中国人也一样，普通以在他们的城市里有欧式建筑物，而觉得神气；他们以欧式建筑为更高贵，更舒适，更艺术化。在四周都是欧化的建筑中，建造一座亚洲式的圣堂，显得不合时代。

三、教外人的形式，使人太易回忆邪神之崇拜。

四、传教士没有财源来建造费姿的圣堂，应当因陋就简。（陈耀林2003:32）

针对这些有代表性的异议，刚恒毅一一撰文作了回应。今天看来，这些难题并未过时，教内人士依然为此争论不休。特别是引文中的第一、二点，完全可以将"建筑"替换成"音乐"二字："信徒更喜欢欧式音乐，他们以欧式音乐为更高贵、更舒适、更艺术化，在欧式教堂内唱一曲中国式圣歌或用中式乐器伴奏，显得不合时代。"这种情况，不止于教会内部，整体社会文化氛围也是如此。

如何有节有度而又合宜地发展本土的天主教艺术？慕尼黑总主教富豪伯枢机贺乐斯神父（P.H.Heras S.J.）的演讲词"天主教与宗教艺术"，总结了宗教艺术的四个原则：研究教会传统、合乎时代艺术、保持宗教性格、艺术宜显主荣。（陈耀林2003:111-117）1927年他在孟买Bombay撰写"印度化传教方法"与"印度艺术在教堂中"，发表于《观察》（The Examiner）第39-42，此文也收集于《中国天主教艺术》。主要讨论天主教艺术在印度本地化的问题，特别提及音乐：

> 在我们圣堂里，还有另一种艺术－圣乐，也宜印度化。在所有的艺术中，音乐最能打动人心。西欧的音乐与远东的音乐，大不相同；因此，实在不应让她进入印度人的圣堂；但是额我略音乐与印度音乐颇为近似，当不属于禁例。西欧的音乐，又是颇不自然，如何能打动不习惯这种音调的印度人，感动他们的心弦？另一方面，印度歌曲带有忧伤情调，自然拨动人心，促使良心发现。在特里师诺城（Trichinopoly or Tiruchirapalli）（在印度南部）的圣堂里，我屡次听到用塔木耳（Tamuls）族的音乐唱出来的歌曲，及发人之虔诚，又感人之肺腑。而在阿忙、圭日拉特（A-mand-Gujerat）（西巴基斯坦）传教区，儿童惯常用圭日拉特民间调子唱圣母小日课，假使印度人更喜欢欧洲调子，那只是因为日久天长习惯了这种调子（陈耀林 2003:123）

该文译者台湾新竹教区的孙茂学神父基于此观点特别加注，提出一些中国天主教音乐发展的具体办法：

> 对贺神父关于圣乐方面的意见，我们认为在中国也有同样的情形。实际上，我们也劝导过几位传教士，把类似额我略音乐的中国曲调写出来，看看是否有在圣堂内应有的可能性。我们曾听到过一个中国调的信经、荣福经及一些歌曲，我们觉得其韵调、节奏及表情很有宗教风味。（陈耀林 2003:125）

引文中提到"类似额我略音乐的中国曲调"进行创作，此举尝试的代表性范例，当属江文也创作的系列中国古乐风格天主教圣歌。以他流传最广并被誉为华语圣乐经典的"圣母经"为例，此曲是深谙中国古典音乐和钦慕天主教精神之佳美结合。乐曲采用五声羽调式，寄调欧阳修的"西江月"，典雅幽静之风使听者唱者心宁神怡。江氏中国圣歌的韵律切合格里高利圣咏之意境，这也是作曲家的创作本意，他的作品至今深受华语天主教会专业音乐人士的推崇以及普通信徒的喜爱。

2、现当代的中国天主教艺术与音乐观

现当代关于天主教艺术与音乐最重要的权威指导性文献，是 20 世纪 60 年代第二次梵蒂冈大公会议颁布的《礼仪宪章》中的相关篇章，以及"礼仪

圣部训令－论圣礼中的音乐"等文。《礼仪宪章》第六章"论圣乐",从圣乐的尊高、隆重礼仪、音乐训练、出版额俄略歌本、民众化的宗教歌曲、传教地区的圣乐、管风琴及其它乐器、作曲家的任务等八个方面细述天主教音乐,这是天主教会关于圣乐的终极指导,也以此衡量它的优劣圣俗。关于圣乐本土化以及教众歌曲的问题,可查阅第 118、119 号条例。(详见前文)《礼仪宪章》第七章"论圣教艺术及敬礼用具",特别谈到了教会艺术的风格问题:

> I23 教会从来没有把某一种艺术风格,看作是本有的,而是就各民族的特性与环境、就各派礼仪的需要,采纳了各时代的作风,而形成了历代弥足珍惜的艺术宝藏。连我们现代的、各民族各地区的艺术,在教会内仍可自由发展,惟一的条件,是对圣堂和神圣典礼,保持应有的尊重与敬意;如此,则可以在历代伟人对教会信仰合奏的光荣之曲,也增加新的声音。

> 124 各位当权人在提倡促进真正的圣艺术时,应设法注意高雅,而非奢华。对于神圣服装与饰物,亦应如此。主教们要设法,把所有相反信仰,道德,以及基督徒虔诚的艺术品,或以其怪诞、幼稚、庸俗、虚伪,而伤害真正的宗教情绪者,断然禁绝于天主的圣殿,或其他神圣处所。(梵二文献@ chinacath.org)

在宪章的基础上,礼仪宪章实施委员会定下了较为需要的主要规则,并发布"礼仪圣部训令－论圣礼中的音乐"一文,包括:几项普遍的规则,举行礼仪的人,论在弥撒中歌唱,日课经的歌唱,举行圣事、圣仪、礼仪年中特殊典礼、圣道礼仪及其他热心善工时的圣乐,歌唱礼仪采用的语言及维护圣乐遗产,为方言谱曲,乐器的圣乐,圣乐推广委员会等九个方面。

中国天主教会自 20 世纪 90 年代起百废待兴逐渐稳步发展,进入 21 世纪面对急速变化的社会环境和迫切增长的福传、牧灵需求,教会前进的步伐明显滞后。而教会音乐专业人士的匮乏也使天主教音乐一直处于起步阶段,于是各种各样正统派所不愿意看到的"流行"、"世俗"的音乐景象在教会内层出不穷,如基督新教的通俗圣歌、摇滚乐、舞蹈、民间歌曲等。2011 年 11 月 16-18 日河北信德社举办"教会礼仪与本地化论坛",其中教会音乐的相关议题虽不多,但仍可以代表中国主流及官方教会的主要观点。论题集中于第六场"教会圣乐与基督徒礼仪生活",相关报告有:中国天主教神哲修院音乐教授贾文亮神父的"教会传统变迁与中文圣乐的发展"、上海佘山修院礼仪教授周云飞神父的"教会礼仪与传统圣乐"和天主教上海教区知识分子联谊会张多默的"中国天主礼仪与传统圣乐"。议题集中于教会传统音乐层面，对当代中国教会的一些现象也提出自己的观点，如周云飞神父在他的引言中论述"弥撒中为何不使用《让火焰燃烧》（通俗圣歌本，辑有很多新教歌曲，笔者按）"以及"普遍现象：俗世、流行音乐侵入教会神圣的礼仪"等。关于中国教会音乐歌本的现状，信德文化研究所所长张士江神父综述，自 20 世纪的 90 年代初，全国出版歌集有河北信德出版社 7 本，上海光启社 1 本，很多教区或堂区内部出版约几十本至百余本，具体数字还在收集和统计中。关于教会音乐的多元化议题，相关报告有第九场"礼仪与灵修（之二）"法国泰泽团体 Br. Jean Marc 的以"泰泽歌来祈祷"。这是一种当代世界各国教会以及中国天主教会普遍接受的歌曲祈祷方式，它主要被用于教会的灵修生活，其优美简短的乐风和安谧宁静的方式深受年轻人的喜爱。

论坛的精彩之处是"问题与回应"环节，虽然相关教会音乐的议题层面较为单一，但在各教区服务的神职人员纷纷提出现实的应用问题，问答弥补了相关议题的很多不足之处。问题主要集中于弥撒仪式中音乐的应用：

问（王秋进神父，河北衡水教区）：歌咏团在弥撒当中的作用是什么？在弥撒当中，信友齐唱的比例应占多大？

答（贾文亮神父，音乐硕士，全国修院音乐教授）：如果在礼仪当中信友比较多，大家都会唱，则完全不需要歌咏团，因为目的就是让大家一起参与歌唱。如果歌曲有点难度可能要歌咏团来参加，目的还是为了带动大家更好地参与礼仪。应该留给全体信友唱，给信友机会。

答（姚顺神父，内蒙古集宁教区副主教）：歌咏团在某些情况下是需要的，但是注意有一些是歌咏团不能包揽的。比如，一些专属于全体必须歌唱的，《天主经》、《信经》是全体的见证，《圣圣圣》是全体的欢呼。有一些大家可以一起唱，如果教友们没有能力，歌咏团可以单独唱或领唱，比如说《进堂咏》、《光荣颂》、《羔羊颂》等。

问（孟同宝神父，山西太原教区）：额我略音乐非常好，但是现在好多教友唱拉丁弥撒不容易，所以有的地方就把拉丁弥撒换成中文，这个合适不合适？另外，乐队在弥撒中伴奏，在什么时候用，什么时候不可以，比如说，有的地方在成圣体时让乐队吹奏或放鞭炮、敲锣鼓，这些在礼仪当中合不合适？

答（贾文亮神父）：原则上来讲，唱额我略圣咏应提倡用拉丁语，因为一换成中文或其他文字味道全改变了，而且韵味唱不出来。所以说唱最好用拉丁文唱，但有一个问题，拉丁文文大多数人不懂，特别是我们中国人，大都不懂。如果我们唱拉丁的话，最好把翻译出来的文字也放旁边。这方面香港圣乐委员会做得特别好，他们出了额我略圣乐专集和其他的一些制品，把翻译出来的经文都附在上面，这样，即使我们不懂拉丁文，也懂其中的意思。

答（周云飞神父，上海佘山修院礼仪教授）：礼仪不是在于有没有乐队这些外在的花样，真正的礼仪是你很庄重很虔诚地举行这个礼仪。目前中国有一些普遍的现象，目的是好的，为吸引年轻的教友等等，所以会在礼仪当中使用乐队。我个人认为，假如真要用这个乐队，可用在重要的节日，进堂或结束的时候来偶尔使用。

问（李景玺神父，陕西修院教务长）：现在堂里有一些西洋的乐器如小号等，在堂里很吵。在欧洲大都是管风琴。中国的民族乐器如果全被西洋乐器代替太可惜。我想问贾神父，在中国的环境下，有没有想要创作一些有中国特色的弥撒曲？是否还要继续推广额我略之类弥撒曲？

答（贾文亮神父）：我出的 CD 里就有我原创的弥撒曲。我向大家保证，我在三年之内，要创作出三到五套中文的弥撒曲。如果我们光继承不去创新是不行的。所以结合我们本地化是一样的。我们刚才听到的一些歌曲，它是地地道道的本地化，完全是中国的音乐而且是非常神圣的，耿辉的《中华合一弥撒》，已经做了非常好的榜样，这完全是中国音乐。所以说我们已经有行动了，我们今后要这样去做。我们不可能去创作很多拉丁文的，当然也可以尝试创作，也可模仿用那样的韵味方法创作出那样的音乐来。但是，我们也要用我们的音乐做出中国的圣乐。其实已经有一些音乐家做了贡献，比如，刘志敏创作的《上主》，它就是用额我略的曲调做出来的，很受欢迎，很实用，很本地化。所以说我们是可以做的，有很多路子可以走，有很多方法可以用，有很多事情可以做。（liyi_2011@xinde.org）

关于仪式与音乐本土化的问题，下面一段对话具有代表性：

问（李树兴神父，法律博士，全国修院常务副院长兼教务处主任）：有一次我去参加一个送葬礼，因为环境保护，在殡仪馆不让用提炉，但这在礼仪中又是非常重要的，我想问，在台湾是如何解决的？

答（龚志喜神父，湖北宜昌教区）：我出生在土家族聚集的地区，我们那里教会的殡葬礼已经延续了200多年的历史。前一段时间我做殡葬礼的研究，当初方济各会士在那个地方传教的时候已经把教会的礼仪和当地土家族的礼仪结合起来了。当地在结婚的时候叫苦嫁；而办丧事的时候是很喜庆的，这与我们天主教的思想是比较吻合的。土家族在丧事的时候会请人跳舞，在棺材四周边跳边唱，谓之"跳丧"。我们教会祈祷时也唱，唱的时候，把当地的音调还有一些民间习俗融合进去。还有一种八座礼，来自八仙的传说。就是预备八个座位，请当地八个有名望的人，是对死去亡灵的一个敬礼，每个有名望的人会做一个演讲，而神父也会被请到里面去，因为神父也是当地比较有名望的人。所以神父就可以借用这个八座礼宣讲福音，讲教会的道理。再就是唱山歌，边打鼓边唱，内容有的是关于死去的人的一些生平事迹，还有的是孝子对家人的一些赞美的词句。它本来是中国道教的一个传统，教会把它改变了一下，因为它主要的目的是来陪伴亡者，做的时候改成唱圣经故事，比如梅瑟带领以色列人出离埃及，我觉得这也是教会本地化的一种尝试。

法国巴黎外方传教会神父、汉学家沙百里在论坛上发言"中国文化对天主教会礼仪的贡献"，他从更广阔的华人地区的天主教礼仪进行实例说明，提出本土化的具体发展方向。文章提纲如下：

台湾官方提倡儒家思想：梵蒂冈大公会议之后台湾教会在1965年开始用中文作弥撒行圣事、1974年亚洲联合主教团在台北开会、台湾主教提倡本地化、台湾一些教堂旁边布置在一个恭敬祖先的小祭台、农历新年台北总主教主持敬天祭祖礼仪、台湾民间山地人以传统方式庆祝天主教会庆典。新加坡本土华人（peranakan）：天主教家庭重新布置原来的土地公小祭台、安装圣家像在他们家里最美最宝贵的家私上。法国巴黎中华圣母堂：国内民间基督信仰化的传统敬礼。礼仪本地化的方向?弥撒圣祭记念重现主的晚餐："你们要这样作来记念我"，其基本要素表达人在基督内的救赎，不容更改。所以本地化限于次要的礼节，如歌曲、平安礼、装饰等。本地化的主要方向是将民间风俗基督信仰化，提升民间习惯使人归向基督；使教会传统的热心敬礼中国化，将中国的传统艺术，比如书法和传统乐器用于礼仪中，为礼仪本地化结出了丰富的果实。将阴历的传统节日纳入教会的庆典之中是一个好方向，某些地方已经开始，有待完善。

3、中国的天主教音乐

局内人所认可和现实所呈现的本土天主教文化，是在不冲突其教义神学的前提下，一定范围内的多样本地文化与之结合的展现，如沙百里神父提到的次要礼节——歌曲、平安礼、装饰等。这种间接性的融合方式体现在天主教音乐中国本土化的正统代表性展现，是从拉丁文格里高利圣咏向现代中文圣歌的转变。非正统次要性展现，是各地民间文化与仪式音乐的种种边缘性融合，如庆典仪式上的锣鼓、歌舞、戏曲以及方言韵腔的诵经音声等，这些因素综合构建了当代中国天主教音乐的多样面貌。

以华北地区山西太原教区为例，仪式与音乐的特色与多重文化因素相关。其一是传承的欧洲天主教传统文化，它体现在两方面:一是保留传统仪式与音乐的风格，从传统拉丁文礼仪到当代中文礼仪，遵循自上而下罗马教廷至中国教会统一规范的模式，礼仪的所有环节被忠实执行；一是在当代中文弥撒盛行的情况下，太原教区仍保留拉丁格里高利圣咏的传承和演唱，而现任教宗本笃十六世就是一位热衷恢复拉丁传统的教会最高领导人。其二是多方位融合的民间传统文化，代表形式是近代流行的民间 "音乐会"以及源于近代时兴于现当代的民间器乐"太原锣鼓"。其保留的演奏曲目包含世俗乐曲如民间音乐杨柳青、午稍月等，以及宗教乐曲如佛曲、民间敬神曲等。其三是影响势头最猛烈的当代流行文化，很多教会为了未来的发展，更倾向于青年的偏好，主要体现在几个方面：乐队形式从管/电风琴发展到流行电声乐队组合，架子鼓登上了传统神圣的二楼唱经台；演唱方法从美声和合唱发展到手持麦克风的通俗唱法；演唱形式从人数压众的四部合唱团发展到根据乐曲的需求出现的独唱及小组唱；歌曲的选择上更接纳性地大量选择基督新教流行风格圣歌，受其影响中国天主教信徒也创作了很多流行风格的天主教圣歌。这些都深深吸引着新入教的群体，其根源可以追溯到美式流行音乐文化背景，这种模式几乎出现在当代全球任何一种基督宗教的宗派中，而借助网络科技和多媒体的力量，其影响力将越来越强烈。

可以看出，纯粹单一或正统的文化在现实中并非孤立存在，文化本身就具有很强的自身调节和吸纳能力。本书的历史研究和田野考察实例说明，多样性和本土化从来都是文化发展的必要道路，正如天主教会誉为最正统的格里高利圣咏并不是单一或正宗文化的成果一样。恢复并树立传统宗教文化、适当地融合本土文化、抵制"不正之音"，这些作为局内人面对未来发展最主流的声音，笔者建议实践者可参考上文综述的多种前人观点，以开放的心态面对现实的多重挑战。作为所谓局外人的观点，笔者认为可以将杨晓亭提出"礼仪四化"的效用——多元化、本地化、牧灵化和生活化，[1]应用在音乐方面。中国天主教音乐的多元化是未来发展的趋势，不仅以教会传统音乐为根基，更是兼容并收多种文化元素；中国天主教音乐的本土化是扎根生存的必要模式，吸纳本土深厚的民间文化是广阔而深刻发展的基础条件；中国天主教音乐的牧灵化是真正以信众为本的手段，也是梵二会议之后天主教礼仪改革的重要神学目的；中国天主教音乐的生活化是"神"者迈下神坛、体恤俗人之需，更进一步体现基督"道成肉身"的宗教涵义之举。学习教会传统文化、尊重本土民间文化、适宜采纳流行文化等手段方式，都是为了逐步进深宗教仪式与音乐为宗教教义服务并提升和圣化信众的目的。

1　杨晓亭，陕西延安教区主教，河北信德研究所所长，此观点提于2011年河北信德社"教会礼仪与本地化论坛"开幕式讲话中。

附录一：北京宣武门南堂琴师张广泰访谈录

北京教区宣武门教堂英文唱经班的总负责人张广泰老师是老一代的天主教信徒，他自幼在北平法国圣母会创办的学校学习神学、音乐等教会传统课程。20世纪80年代起，他在南堂、东堂、北堂组建唱经班，后主要负责南堂英文唱经班（排练和司琴）。笔者在多年教堂音乐田野的基础上，发现他的风琴伴奏和合唱风格颇有正统欧洲教堂音乐的韵味，这很不同于国内的大部分教堂。通常情况下，当代中国教会缺乏音乐专业人才，更缺乏教会音乐专业人才。教会培训的最高标准是国内各大音乐学院，而这些院校都没有设立宗教音乐专业，对它的认识也十分缺乏。虽然近年来教会在罗马培养了不多的几位教会音乐专业的教内人士，但充斥大多数国内教堂的依然是学院派音乐风格标准，而非宗教音乐风格。在此背景下，笔者听到张广泰的琴声便如获至宝，进一步采访才了解，他的学习、成长、工作和义工服务等背景，浓缩了近代至当代中国城市天主教会音乐的发展历程，是一部难得而珍贵的关于北京天主教音乐的活历史。笔者在此将2009年两个月的访谈笔录摘录如下以飨读者：

家庭背景

问：张老师，请说说您的家庭情况。

答：我是一个天主教的家庭，按照规矩八天就要领洗作为信徒了，那时候并不懂。我父亲兄弟五个，父亲是老三。他们五岁丧母，13岁丧父。五个兄弟和教会都有联系，我大大爷在光华女中，现在的 39 中当学监，就是现在的教导主任，教几何。二大爷是圣母会的修士，献给教会。我是第三代奉教。现在西什库西北有个公教进行会，我的爷爷是一个会长，会长就是群众的首领，帮助神父传教。好像现在学校里有校长、总务主任、教务主任，就像这个似的。他由信徒里面选拔出来，所以对宗教有一定的认识。我出生第八天就已经领洗了，小时候我母亲经常唱一些拉丁文的天主教的歌，音准节奏非常好。

教会小学

问：请说说您的学习背景。

答：我小学就是在这个修会叫做圣母会，每一个教堂旁边都有一个圣母会建立的学校，或者小学或者中学。干什么呢？当然是办教育，另外就是为教会服务，比如为这个教会培养唱经班，培养辅祭，培养各方面的人才。我就在现在叫做"西什库小学"，原来叫"圣心小学"（后改为盛新小学），圣心就是耶稣圣心，协音字是盛大的"盛"，新旧的"新"小学，实际就是修会办的学校。那时候主要收教友，就是信教的人，不信教的也收，但我们受的教育不一样。比方说每天早晨起来，同学还没到校的话，我们就到校、排队、进教堂去念早课，早晨晨祷，有时候还要唱歌，然后再出来跟同学一样上课。中午放学之后，唱歌比较好的还要留下，加班唱，比方 solo 唱的部分还得再唱。每天下午，别的同学都走了，我们还参加晚课，有圣月的话要过圣月，要不就是准备每个礼拜天要唱的拉丁文大弥撒，下午是降福，都是用拉丁文来唱。每个礼拜天的上午 10:00 是大弥撒，拉丁文的，下午 3:00 降福，有时候还要增加一些。我记得我们三四年级小孩会唱"哈利路亚"，好一点的会唱"蓝色多瑙河"，那时候电台让我们录音，就达到那个水平，所以给我打下一个好的基础。

问：小学就很重视音乐教育吗？

答：我上的是教会小学，在教会都有参加唱经班，除非嗓子特别不行才不要，很辛苦的。这个教会学校由法国的模式过来，除了文化课之外还注意宗教教育、音乐教育、美育教育。上学交一袋面、半袋面那样相当的钱数，曾经有一次因为我表现好免了学费。一般教友的孩子都愿意上教会学校，除了质量高还有宗教教育，只要你学好不让你学坏。早晨起来我们就要进堂要念早课，如果要碰到（首瞻礼六）周五纪念耶稣圣心，还要守弥撒、唱经。然后就上课，纪律相当好，圣心小学在北京有名着呢！数学好、音乐好、体育好，都相当不错。到了中午的时候，个别小孩留下练独唱，老师挑的。每天下午我们提前到学校听天主教的道理。比如说 1:30 上课，我们 1:00 到，大概 12:30 就得开始，回家吃完饭就来。给我们讲课的是圣母会修士，有时聘耶稣会的修士，是中国人讲，法国人都不出头露面。听完道理之后上下午的课，下课以后绝对不能走，一般要念玫瑰经，念晚课。另外，完事还排练一小时左右，中国修士教唱，他跟着伴奏唱，小合唱、大合唱，每天练。星期日我们必须待下来，去北堂上午 10:00 大弥撒，我们跟着大弥撒修道士对应着唱，不练哪行啊？星期日下午 3:00 还有降幅也要唱。要是赶上大瞻礼，比如圣诞节、复活节等等，学校放假，我们还得赶去唱，所以在这小学作为唱经班的孩子，他得受多少的教育！

问：您怎么参加教堂音乐活动呢？

答：我小学六年是在北堂的管风琴旁边长大的，每个礼拜天必须唱大弥撒，下午唱降福，没有休息时间。每天下午一般学生走了，我们唱诗班的都得留下排练，我唱独唱，中午还得留下，我小时候嗓子非常好。这六年对我的感染很多。比如北堂弹风琴的王神父弹得比较有名，外号叫风琴王，他一直在北堂弄管风琴。我小时候是圣母会的修士培养的，那时候在北堂唱小童声。如果是三声部，我们童声自己唱。如果是四声部，我们就从楼上下来绕着神父院过去，跑到祭坛后边，那里还有一台小管风琴，也得比我这房间高。

问：楼上是指唱经楼吗？

答：对，楼下是一个比较大的四声部合唱，我们小男孩去唱女声，底下的修道生唱男高、男低。问：原来北堂有两个管风琴，一大一小？

答：对。然后四声部合唱的时候，我们唱女高音、女中音的曲子，和大修道生就这么着合唱。北堂的大管风琴在后面唱经楼上的正中央，面对前面的祭台。祭坛后面还有一个小管风琴，我们呼应着唱，很有气魄。琴跟着唱一块，这边一句，那边琴带着那边应答唱，一句二句三句...琴伴奏。

问：当时有多少人唱？

答：男童四、五十人，修生也不少于四、五十人。那时候北堂每天早上还有黑弥撒，就是亡灵弥撒，不是整个唱诗班都去，选能唱的七八个小孩。我们如果唱黑弥撒，就不能上学校的早课，时间冲突。平常的乐器用的管风琴很大，所以用后面小点的管风琴弹，有人弹琴我们来唱，当时我二年级就被选去。黑弥撒（英文）安魂曲，全套唱下来！差不多一个小时，唱完弥撒来上课。我从二年级一直唱到六年级。

问：您对黑弥撒印象最深的是什么？

答：从音乐的角度，我体会这个人弹琴和王神父不一样，怎么不一样呢？味不一样。现在来说是和声结构、组织风格不一样，另外那个琴比较小，万一没电的话还得风力发电，找两个大汉咕咚咕咚满头大汗压风。唱到一个月了，神甫也知道小孩很辛苦，还给点不多的辛苦费。就市面上花的一般的钱。到五六年级的时候，有法币什么的。所以你看我们一天唱多少小时！当时唱拉丁文弥撒，基本不知道什么意思，照葫芦画瓢让我唱我就唱，为什么唱？就求着吧，像他们祈祷。黑弥撒，感觉音乐色彩不一样，怎么不一样？那时没人给你讲，不懂。大家排练好了，老师拿很多糖来，小孩有长的、短的站一排，前面挑大的，后面挑小的，谁也无所谓，小就小吃呗，我经常第一个，哈哈，酥糖这么长！老师是圣母会修士，也是班主任，不当班主任的时候也教我们唱歌。一到大瞻礼，复活节圣诞节什么的，弹琴的王神父就发我们好多吃的，糖、核桃、枣什么的。我记得那时唱海顿的神剧《创世纪》，中间领唱就是我，三重唱领唱，音很准，领唱时站在中间。唱经班站两大排，中间是管风琴，独唱时到中间去。唱经楼整修的时候不懂，后来把凸处都弄没了。每天唱的很多，提高很多，音乐学院的老师去指导，就是艺专的前身，我们到三四年级可以唱"哈利路亚"合唱，还参加北京歌咏比赛，还上北京广播电台录音。我还在学校一个大会上唱过，光明日报登了。另外，我们有圣体游行，把圣体请前头来做降福，如果神甫把这个圣体举着在街上走着，叫圣体游行。圣体游行时后边合唱队跟着唱，那时候合唱我就竭力了，小男孩唱完了，光华女子小学女孩也出来唱。她们也算唱经班，不过不能进堂。堂里参加活动都是男孩，合唱队全是小男孩唱。圣体降福时，大家都跪着唱一组歌，一般主题都是歌颂耶稣圣体，一定有"皇皇圣体"。然后神父举着圣体向大家做一个环视，降福大家祝福大家，然后唱一首歌结束了。一台降福差不多二十到三十分钟，每周日都有。我赶上过两次圣体节，记得从北堂出来之后第一个到光华，光华女中是若瑟会修女办的，大概位置都在39中内。然后到事先搭好的露天临时祭坛，做好降福之后可能到仁慈堂（另外一个修女院），就是收养弃婴的地方，家人都透过小窗口把孩子递进去。一般女孩子多，洗啊，绣啊，然后大了，给安排嫁人了。

问：这大概是什么年代？

答：一九四几年，解放前。我的老师都是修士，我很羡慕他们，他们既有很高的学位又有很高的品德，所以我就想，我决心也当个圣母会修士。我在那儿呆了六年，一直到 1953 年。一开始是自己去的，独立培养修士的学校，就是修道院，除了博士就是修道士。修士生活不一样，修士发三个愿，第一个愿是贞洁愿，你要献给教会就全心全意的，不要为自己的家庭所事，要抛弃一切。第二个叫做听命愿，什么听命呢？就是说你要服从整个教会的领导安排，比如说我在北京搞得挺好，现在青岛需要一个老师，你去吗？走的时候就自个儿的衣服拿走，什么也不用拿了。法国人调这来也是这样的，他们的共同语言是法文。我们那老师，除了学习一般的文化课之外，还要学习天主教的道理，另外每个人都要学琴，我那么点就可以在教会弹琴了。

问：钢琴还是风琴？

答：就是一般的风琴，比较高的，不是那种大型的，小孩玩意儿那种。我的水平可以超过上面三四级的同学，这是我的老师法国人卡贝耶。（看相片）反正我就是怀念他弹琴，别人弹琴叽哩呱啦，他挺有内涵。我现在弹琴别人说，张老师和别人弹琴不一样，我觉得每一首歌曲都要懂它，里面有内涵，一样普通的曲子，很短的旋律，你表达很深刻才行。从那以后我就有一个想法，将来大了之后在教堂里搞唱诗班。

教会中学

问：您的中学音乐生活是怎么样的？

答：我上了中学住在修会里面，那段时候我们也按照国外模式，一到礼拜四下午，叫做小逛，叫小的礼物，附近山啊、田野溜溜玩，礼拜六下午叫大逛，就是玩，后面跟着大车，拉着"包子"可以吃，都是学校组织的。每天早晨先是修士们 4 点多起床，之后他们念的经文多一点，该我们起床了。集体宿舍夜里有一个暗灯，你出去方便，管我们的院长一进门"啪"一开灯，开口他领一句祷词，我们第一句话就是"赞美主，感谢主"，都是拉丁文的。起床后梳洗，就到自习室，甭管初一高三都在一个大屋子祈祷，早上念经。念完经，去望弥撒。弥撒当中每天要唱经，唱法文的、拉丁文的，偶尔有中文的，很少。我们那时候全体都唱经，唱的时候在教堂里面，学生在前面，后面是修士，他们素质非常高。有一台小管风琴，声音非常美。每天要唱，这对我提高很大，我通过听掌握了怎么念拉丁文。早上起来，吃饭，出去上学，工作，晚上一回来，一般不让随便说话，保持安静，上自习。上完自习后，如果赶上有什么活动的话，还要去教堂。圣心小学也是这样，刚才忘了说。赶上圣月过圣月，比如圣母圣月，唱关于圣母的歌。老师选歌，谁谁负责弹琴，写在黑板上，唱诗 1234 首等等。

问：中学有音乐课吗？

答：有，就是一般的音乐课。圣母会修道院的修道生有练琴课，我们自己排的，可能是各种原因，到最后都是我一个人独霸，一个人挨个弹，你来我就走，你不来我就一直弹。每个屋子都有琴，每个教室都有琴，是脚踏风琴。另外我听老师弹什么我就赶快去学。有一次我初二的时候，我胡在那儿弹呢，后边哼哼笑，吓我一跳，一回头，"院长好！"他就坐下，法文布滴叫小，管我叫小布滴，然后管我挠大拇哥，然后呢，他就告诉我怎么弹，怎么配器，以后再有机会，他就私下里告诉我点。那时候在圣母会里边，很多修士都是我的老师级的，可以当老师的不下十几个。圣母会内部搞了个音乐会，院长弹一大风琴，我弹一小风琴，两个人同奏。我弹加花，主旋律变奏。有的修士拉小提琴，我还组织几个小孩唱中文歌。音乐会办了差不多两个小时。到 1954 年高中毕业，天主教在北京没有了，神父都改造，学生轰回家，修道院没收，大教堂拆掉，圣像弄碎。1956 年我上了师范学校，有条件了，我参加钢琴组、手风琴组，合唱队伴奏也参加，一到礼拜六搞舞会我也弹钢琴，拉着风琴，玩得高高兴兴的。

工作与音乐

问：您工作之后还接触音乐吗？

答：我工作之后一直代音乐课，在师范学校这边我教语文。我分到门头沟教语文时，老师看我档案，顺便让我教音乐课，还给门头沟老师开手风琴班，教他们弹，怎么配伴奏。到暑假的时候搞宣传队，我背个手风琴，找一帮小孩，跳的唱的说的，到各处去宣传。门头沟要有什么歌咏比赛，请我当裁判，他们还到北京参加过比赛，我给他们拉过手风琴伴奏。我小时候特别喜欢音乐，家里连收音机都没有，如果走到哪家放，就在门外边儿听，听完了就走，就那么大的瘾！1983、84 年的时候，我在朝阳师范学校任教期间，组织口琴队，小乐队似的。一个人独奏口琴、和声口琴给他们伴奏，小乐队伴奏得特别好，他们用这个变音口琴。一般师范学校有时候也有音乐比赛，我是语文老师组织口琴队。节目有女生小合唱、钢琴四手连弹，还有我这口琴。

教会音乐义工

问：您什么时候开始在教堂组织唱经班？

答：1981 年开始南堂还给给教会，但只许外国人进。到了 1983 年比较好一些，有宗教活动。我在东堂搞了四年（唱经班），后来北堂又还给教会，在北堂办唱经班。我在北堂待了四年，北堂是最大的堂，1984，85 年我在那成立了唱经班，培养了俩徒弟弹琴，我指挥。开堂唱弥撒时，中央电视台现场直播给外国人看，130 多人，男女老少的都是唱经班。一开始东堂还有个法国式的风琴，音色特别美，好听极了，我走之后就不知道了。我给北堂、东堂买了雅马哈电子琴，有两排键的，一组脚踏板。后来南堂把我调来，一开始我给中文（弥撒）弹琴，英文（弥撒）不管。1993 年法国大使馆、英国大使馆、意大利使馆提出来中文弥撒听不懂，能不能唱英文弥撒？当时主教神父就说"行"，答应也得答应，不答应也得答应，当时跟我说这是一个国际影响的事，咱们一定要答应下来，把它做好。那时候唱歌找谁呢？天爱合唱团。他们唱歌是半专业的。一开始还行，但天主教有个最大的要求，是得根据每个星期天主日瞻礼的主题换曲目，合唱团跟不上，我给他们弹伴奏，紧接着这事儿就归我，成立了英文唱经班。1995年我完全接过来，成立了全国第一个英文唱经班，那时候他们还是唱拉丁文的。这个只能做好，不能做坏，因为咱们不仅是个教堂，也是个窗口，你唱好了，教堂好，北京好，说你中国好，唱不好的话，说你不好，当时我说"你放心吧"，所以我一直兢兢业业，呕心沥血。你看这照片，全是我教他们，原来一开始英文唱经班前面就几十个人，现在人越来越多，不仅吸引了外宾，装不下，现在变成两堂弥撒了，上午 10:00 一台，下午 4:30一台，这当中有过加拿大的学生，哎呀，WANDERFUL！当时复活节我弹的贝多芬的第五"命运"就跟管乐队的效果似的。我们唱经班，先后有美国的、奥地利的、荷兰的主动跟我们合作，07 年还要我们参加比赛，现在英文唱经班到我这儿有 13 年。我们现在最需要声乐教练，我在这做什么呢？把声音出来，吸气不要这么点。腹式吸气，声音出来时候，口型张好了。气到硬软腭之间，就这一点，我就能把声音集中在一块，那是最好的一点。

如果你还要了解其他堂的情况，就去北堂找周永正。在东堂的时候我带了他三年。他是个天主教家庭的教友，但是不太熟悉，不能独立起来，我怎么带了他三年呢？那时候我弹琴，后来我指挥他弹琴，他弹琴有很好的基础，手风琴也不错。我走之后他就在北堂，北堂现在唱得不错。北堂是天主教的一个中心，他的来源非常多。东堂不行，有一个老张今年岁数跟我差不多可能懂点儿。西堂也不行。你以后多跟我们接触啊，像我这样接受的训练，其在修院六年，一般人没有。我始终是义工，不挣钱，我有我的工作，在教会是完全奉献。这岁数都老了，年轻的跟不上。

风琴学习

问：当年圣母会学校是怎么教琴的？

答：每个教会都有风琴，国外的。每个教室，每个人都要学琴，脚踏风琴，高级有高级的，一般不让摸。我有一个琴让别人拿走了，声音真美。琴基本都是从法国买的，没有中国产的。教材用法国天主教修会编的风琴《圣乐练习》，改编的，北京市只有我独一份。咱们中国，北京的天主教受法国影响非常大，不管是拉丁文读音，还是音乐，总的来说影响比较大。（弹）这是根据 1907 年的教材翻译压缩的，指法订得特别的清楚。旋律和结构是按着教会的方式编排，风琴换指非常多。原来是法文的，后来一个圣母会的修士翻译的。这本下来几个大小调，伴奏的基本和声就出来了。现在我自己没有风琴，有时候就拿电子琴弹，弹出来味儿就跟别的不一样。（弹）

问：听起来你弹得非常得粘，声音很委婉，很温柔？

答：对，必须这样。演奏时手指要始终在键盘上平滑移动，断句时才抬手，基本上手都不要离开键盘，这样才保证整个乐段衔接平整，和其它键盘乐器的弹法不同。这样出来的声音符合教会的感觉，（弹）整个类型就是为了熏陶圣咏的风格，声音也很内敛，音色控制的很好，你看我抄得谱子必须跟印得一样，过去没有复印机，所以就得抄。（弹）这首救主复活，我小时候唱还登过日报给过钱呢，什么都不懂，在学校里就跟大家唱。你看这些都是我弹琴的东西，是伴奏合唱的。有时候我弹的一边哭，真的。宗教音乐我都记得是怎么弹，（弹琴）是宗教音乐味，你在外面听不见，基督教也没有。在学校学风琴后来我就上瘾了，你要是到大教堂，那声音很浓的！（弹）我学琴更多的是偷学。比如说，我还不许弹这曲子，我慢慢听老师是怎么处理的。另外一个我不断的买书，比如泰尔的，买回来我就看，现在新的和弦教程我也买。现在我们唱的歌都是国外进口的。我们现在唱的是最现代的，以前都唱拉丁文。八几年，也就是强调唱本国语言的时候就不唱拉丁文了。这是中国天主教委员出的额我略圣歌本，（四线）谱很简单，两个黑点掐着一条线，它就是钥匙，掐着是高音 DO。（唱）这是我自个儿琢磨的，下加一线，变成五线谱 D 调，叫首调最好，首调伴奏快极了。

问：老师他们怎么教四线谱？

答：他们不教，直接跟着唱，慢慢就悟出来了。音符有两个一组、三个一组、四个一组，是它的结构形式，锯齿的这个音是前个音的延长一倍，小节线是呼吸乐句。（唱）现在北京市没有我这么唱的，别的堂是中国味儿。你读得再好也是汉味，要纯正的拉丁味。另外的一个，比如这个音乐完全是歌词发音的结合。一个强调重音，另一个是尾音必须轻。中国人不懂，外国人听得清楚，都不懂，听不懂，就在瞎念瞎唱，（唱）根据句子来判断换气，需严格训练，小的跟老的学。（唱）这样唱才是拉丁味，天主教的味才掌握住了。我告诉你我悟出来怎么样保持宗教的这个味道，还得要逐渐向现在和声靠拢。那时候的发声和声比较简单。

问：教会琴师的现状如何？您有计划培养接班人吗？

答：现在各个堂口缺少这方面人才，所以我想组织一个电子管风琴培训琴师。根据我的经验，说说我的大纲什么样。第一年管风琴史，把北京的管风琴、电风琴、电子管风琴跟大家介绍。还有天主教教堂琴师的重要性以及对琴师的要求，也叫做司琴，圣歌的伴奏的作用是什么，什么叫圣乐，伴奏起什么作用，圣歌曲调的本身是神圣高雅的，有些曲调尽管很美，但往往像一朵没有绿叶的花。比如在伴奏的时候，没有受过训练的歌手三拍唱不了会唱两拍，切分、附点等等，唱出去了没数，这时伴奏可以充实歌曲的内容。另外伴奏需要能够配合弥撒礼仪，起衔接作用，有时候需要独奏的地方就独奏，比方所有人进堂出堂的时候，婚礼入场退场的时候。一年之内让他们学会比如C、D、E、F、G、降A、降B大调，然后配合几个小调，我要什么调的都能弹，学会一个调，然后练一曲或者两个，一直到五个，就弹到五个，能弹就及格，二、三、四、五算优秀的。第二年前一半时间弹一些重点曲目，比如婚礼进行曲的进场和出场曲，黑弥撒的、复活节的、圣神降临节的、后半年加合唱，天主教的调式，然后初步可以上琴伴奏。礼拜六练习，每个礼拜一个钟点，一开始C大调先进你跟不上趟我不管。第二练D调，然后配合曲子，有一定的感知后，提高一个大型曲子，然后再配伴奏，配伴奏最难了。这是一首G大调的圣歌伴奏，试着弹，体会一下，和弦的符号是什么？同一个音用不同的和弦，"sol,do,mi,sol"，基音要变，两个和弦的效果。再加脚踏板试一下，恐怕很多钢琴过级的都来不了。

礼仪歌曲

问：请问甲乙丙年是怎么回事？

答：礼仪分循环，"ABC"也好，"甲乙丙"也好，三年一循环！。

问：为什么？

答：天主教对三很感兴趣。

问：因为三位一体？

答：对，不过是不是这样我可不知道，没有根据。有好多诗歌都是三拍的，因为是三位一体，有时候就纪念这个。

问：弥撒选歌都是按这个选相应的歌曲？

答：第一叫进堂式，也叫准备礼，有进堂咏。前一部分讲道是主题，后一部分是领圣体。比如今天是一个瞻礼，你选歌得有关系。我自个写的选歌目录，以前没有，叫弥撒咏唱程序，A、B、C、D就按着弥撒程序排下来的。举例来说，现在是四旬期，如果赶到这个节日就唱S系列的。要有现成的我尽量不编，实在不好听或太难了我就改。现在是三月四旬期，三月第一个主日唱什么？A是进堂咏，A2就是A系列的第二首。

问：这一系列的歌这您经过多少年的积累？

答：十多年的精选。

问：有想把这编成一套歌谱吗？

答：有，但这完全是从各处选来的，出了算我的，我觉得不公平。

问：您是十二月的都整理了吗？

答：每年都有计划，为什么写出来呢？一个是自己心里有谱，第二就是发给大家提前准备。

问：一首歌，比如说 A 系列进堂咏，你会选多少首作为备用？

答：这是一个不完全的目录，A 系列有 31 首。还有一个索引，用的时候，改编旋律比较好。比如说为传教节的曲目，有些东西我随时往上加。其他各节期的都有了。我还有一个翻译系列的曲目，翻译成中文，然后把它生词提出，留给大家复习用。

问：这个很像搞研究的。

答：比方说四星期到五星期唱什么呢？都会有变化，A2 换 A5。根据情况，主要变化一个在 D，就是"哈利路亚"，四旬期的时候不唱哈利路亚了，我就用 D6。

问：您要编这本工作量够大的！

答：我如今百分之八九十的工作量都在这。（弹）有时候我自个有简单的伴奏，有两种伴奏方法。比方大家齐唱，女声我就配得更美一点，加几个变化音，显得好听点。凡是用的时间短，我们基本上唱一个声部。比如 N 系列 N31，我改成合唱，加一个二部高主旋律，让女中音来唱，因为主旋律太低。男中音人少就统一唱第三部，没法办，拼拼凑凑。

问：没有男低？

答：有，加在一块有时间才两人，你说怎么办？

问：您记录得好详细啊！

答：看，1994 年的英文弥撒，1996 年 1 月 14 号我们用唱经班正式唱的曲目，"垂怜颂"、"光荣颂"、"信经"，固定的内容是不能变的。其它比如安息日，我有三十一首，根据需要换。大唱咏必须是圣咏的内容，不能换其它的圣歌。英文唱经班很费劲的，我把他们集中起来排练，时间是固定的，就一个钟头，标准是高的，时间短、任务重、要求高，就得干这个，说实话，换人还真不行，我连哄带吓，你看是不是？

问：这些歌曲的安排很复杂啊！我这接触了这么长时间还是摸不着头脑。

答：甭说你，看我这儿，全都记下来，说实话也是一门学问。咱们教会讲的是罗马梵蒂冈的宗教拉丁文，我学的就是这个，如果我念得一个跟他不一样，那我负责任。

问：教堂早上拉丁文弥撒有多少信徒参加？

答：天主教有这么一批人，门还没开就在门口等着做弥撒。老人家没事，第一台第二台第三台第四台，完事儿八点多九点了回去了。北京话讲包圆，就是全要了。我们讲"包圆弥撒"，就是有弥撒，他就要来。

问：拉丁文听不懂也去？

答：他自个念经，自个儿祈祷。念玫瑰经，随便什么都可以。拉丁文都不懂，梵二会议就改为本地语。刚才我说弥撒礼仪，圣咏、信经都知道，信经都比较精典不是很长，但有时候可以略去，什么时候知道吗？如果有领洗仪式的时候，领洗就是要表明你的信仰了，可以不唱信经。

教会音乐本土化

问：某两会领导人觉得与本地音乐结合的教堂音乐特别土，他认为传统来说，那是绝对不能进教堂的，当时说到贾后疃民乐队。

答：比如说管风琴，在教会受到极少的重视，因为这作为传统乐器，影响足以增加。另外，极能提高我们的心灵向往天主与天上的神，所以强调。有一次我们作圣乐分享，完了以后让我点评，我提出咱们是圣乐分享，如果不是圣乐，就不要在这儿演出，这就是我的观点。什么叫圣乐？不是说拿歌就叫圣乐。这里面提到这个问题，启发人心灵向上，适合宗教礼仪的，这才是圣乐，对不对？有一个门头沟后桑峪的小孩拉"杰克的牧童"，我没敢点名，就说凡是不属于圣乐的不要在这，因为我们是圣乐分享。还有这个（唱）我说不行，因为常联想它的电影（唱），不合适，这是我的观点。这不叫和本地结合，这叫错位。

问：您认为怎样是和本地结合呢？

答：本地结合，比方说本地的作曲家，本地民族的风格，本地的形式就可以。

问：贾后疃的民乐队呢？

答：像娶媳妇似的，但我没点名，说要注意这个问题。我举个例子，在复活节，我就用了中国的古筝，一个筝独奏。（唱）我觉得这结合的好，因为它是圣乐，用别的形式来表达，问：音乐是谁写的？

答：是天主教的。像那个美国人弹吉它唱奇异恩典，节奏都乱了没关系，即兴就是一种美国的方式，这不就结合了？这是我的看法。

问：很多圣歌是用当地民歌改过来。

答：有些合适，有些不合适，不要一刀切。它的场景内涵，不能使人分心，有些也不反对完全移植。

问：会有一种错位，原来的音乐形象太明显。

答：对，所以我不主张这样。第一个大的主张，凡是不属于圣乐内涵的不要。第二个一曲多词不要，要专曲专用。改的话应该有上面的批准，有时候我们唱歌没有曲调，自个就写点，毕竟是和礼仪结合在一块的。

问：您喜欢非洲式的吗？

答：不,有时候非洲来唱，扯着嗓子就嚷，这是我中国的地盘，中国就我们传统的。我能接受，大伙能接受，如果我用弥撒那么唱，大伙儿就都走了。比如复活节，（唱）要唱这个就很有气魄！前一周是苦难主日，圣周四、五、六，三天不要动琴，尤其是周五耶稣被钉受难日大小斋都要守，电视也不要看，文艺节目全部暂停，这都有规定的。小斋是不吃肉，大斋是一天一顿饱饭。2月15号是圣灰礼仪四旬期，要唱ASH，天主教认为生命就是灰，你原是土将来还要归土，所以把去年棕枝烧成灰，神父在你额上画个十字。你要好好地顾念上主，不要犯罪。这个礼拜天我就得准备 22号要唱的东西，我提前一部分来唱。原来我有个想法，那会就找主教去了，说按照我们天主教的规矩要成立一个圣乐委员会。咱现在天主教会普遍水平都比较低，应该这样：比如说负责查经班指挥，音乐学校要跟你报名，参加音乐学习，3500 元，你去学习，每个礼拜学习一天。学弹琴去音乐学院学习一年，回来就给教会服务，得走出去，像音乐欣赏会听讲座等。

附录二：圣歌资料——1911 年北平救世堂印《圣歌宝集》

　　《圣歌宝集》是非常具有代表性的早期中文天主教圣歌集，其乐谱是四线谱与工尺谱镶嵌的谱式、四线谱以及五线谱谱式，歌词是文言文和民谣式中文歌词，旋律是拉丁文格里高利圣咏和中国近代华北民歌，这些细节可一一反映出本土化的时代特色。资料来源：中国国家图书馆缩微胶片

1、圣母痛苦词

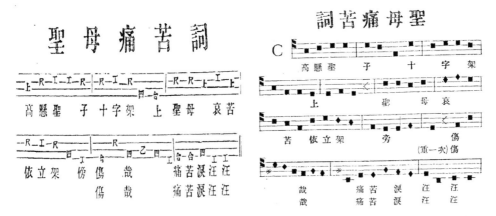

贞母愁灵。	中见悲情。	惨忧叹息。	全极其尽。	真如利刀刺剖心。	真如利刀刺剖心。
其乃当颂。	女中殊福。	诚可赞美。	独子之母。	今乃忧苦惨何如。	今乃忧苦惨何如。
圣母五内。	痛切哀伤。	惊惶颤栗。	举目仰望。	尊容圣子遭贬戕。	尊容圣子遭贬戕。
谁为人者。	岂不痛哭。	时若瞻见。	耶稣之母。	看己圣子受此苦。	看己圣子受此苦。

此际谁人。亲视圣母。偕其圣子。痛心哀愁。能禁悲伤不同忧。能禁悲伤不同忧。
曾见耶稣。众苦刑间。专为救赎。厥民罪愆。甘受遍体酷答鞭。甘受遍体酷答鞭。
目都仁子。在临终时。忧闷无慰。如被舍弃。竟觌其死何惨凄。竟觌其死何惨凄。
呜呼慈母。仁爱之泉。使我透悉。痛泪之渊。同尔哀涕我甚愿。同尔哀涕我甚愿。
灼热我心。爱情尽布。以爱天主。基利斯督。愿为吾主所喜欲。愿为吾主所喜欲。
吾主圣母。恳尔斯为。将五伤疾。耶稣受的。深深刺透我心里。深深刺透我心里。
尔爱之子。已伤遍体。如此为我。甘心忍之。祈尔与我分其累。祈尔与我分其累。
令我真切。同尔悲哭。同伤哀惜。被钉恩主。俾我到死常痛苦。俾我到死常痛苦。
我今切愿。同心同念。伴母近前。十字架边。热爱情中把泪宣。熟爱情中把泪宣。
童贞之贞。尊美超出。勿嫌恶我。冷心诸郁。宁使我同母哀哭。宁使我同母哀哭。
耶稣垂死。使我身负。使我多分。厥诸艰楚。使念圣伤恒谢慕。使念圣伤恒谢慕。
将主圣伤。重伤我身。目主圣架。醉酬我灵。以征热爱圣子情。以征热爱圣子情。
呜呼圣母。无玷贞洁。既我燃灼。护我至切。审判之日勿弃绝。审判之日勿弃绝。
使主苦架。为我护卫。耶稣圣死。坚励我力。主恩保我且安慰。主恩保我且安慰。
赐我灵魂。肉躯死时。获享天堂。荣光永锡。颂谢耶稣无穷世。颂谢耶稣无穷世。

2、耶稣复活歌

启 第七之日。早晨昧爽。圣墓石板。天神大张。主徒诣至。匍匐瞻仰。亚肋吕亚。
启 又玛利亚。玛大利耐。又雅各布伯。及撒乐买。市买没药。搽圣尸来。亚肋吕亚。
启 一位天神。穿白衣裳。望圣妇等。预言告讲。加利肋亚。见主显杨。亚肋吕亚。
启 可爱宗徒。圣史若望。比伯多禄。急速跑往。故其先到。主坟墓傍。亚肋吕亚。
启 主徒门弟。聚在一堂。惊讶见主。立己中央。闻伊告说。予平尔赏。亚肋吕亚。
启 徒弟弟默。闻此福音。吾主复生。显与吾等。疑感奇事。未见不信。亚肋吕亚。

启 观视多默。观视肋旁。试探足孔。试探手伤。不背信德。忠心人当。亚肋吕亚。

启 多默一视。耶稣肋骨。试探其孔。试探手足。答曰汝是。陡斯吾主。亚肋吕亚。

启 凡未视者。凡未探孔。坚坚实实。一心信从。永远生活。真福之人。亚肋吕亚。

启 在此至圣。瞻礼日中。可颂赞美。喜欢跃踊。与主庆贺。福乐光荣。亚肋吕亚。

启 为此吾侪。普世信众。宜发谦逊。热切心情。感谢陡斯。真主洪恩。亚肋吕亚。

3、耶稣圣诞歌

启 忻声敬颂真主怡。亚肋吕亚。亚肋吕亚。

启 牧主纯神服躯里。亚肋吕亚。亚肋吕亚。

启 其主阙治无边际。亚肋吕亚。亚肋吕亚。

启 堪奉诚衷不虚谊。亚肋吕亚。亚肋吕亚。

启 连蠢够牛知伏地。亚肋吕亚。亚肋吕亚。

启 惟纯惟朴是所喜。亚肋吕亚。亚肋吕亚。

启 皇皇急步三玛日。亚肋吕亚。亚肋吕亚。

启 舍已忘劳为主觅。亚肋吕亚。亚肋居亚。

启 黄金乳香蜜蜡仪。亚肋吕亚。亚肋吕亚。

启 雅意三王荷宠锡。亚肋吕亚。亚肋吕亚。

启 幸获卑微中主意。亚肋吕亚。亚肋吕亚。

启 且也常钦至善谊。亚肋吕亚。亚肋吕亚。

启 卑污心身极贱兮。

启 兼我所有统献之。亚肋吕亚。亚肋吕亚。

启 至圣圣哉圣主兮。

启 俯望垂怜慈目视。亚肋吕亚。亚肋吕亚。

启 福音预报牧童兮。

启 褓襁置于马槽兮。

启 牧童踊越见礼兮。

启 申恭叩拜耶稣兮。

启 艳艳怡颜圣婴兮。

启 异星从天显示兮。

启 离朝弃国圣王兮。

启 匍匐钦崇献贡兮。

启 圣婴欣欣祝圣兮。

启 我堪何物奉献兮。

启 至洁耶稣可爱兮。

启 久望救主果至兮。

众念 好欢乐咏歌兮。荣光圣三共一体。共一体。永生永王于永世。亚肋吕亚。亚肋吕亚。亚肋吕亚。可踊兮。可踊兮。

4、圣母祷文

启 天主宠爱之母。至洁之母。至贞之母。为我等祈

应 无损者母。为我等祈

启 无玷者母。可爱者母。可奇者母。为我等祈

应 善导之母。为我等祈。造物之母。为我等祈

启 救世之母。极智者贞女。可敬者贞女。为我等祈

应 可颂者贞女。为我等祈

启 大能者贞女。宽仁者贞女。大患者贞女为我等祈

应 义德之镜。为我等祈

启 上智之座。吾乐之缘。妙神之器。为我等祈

应 可崇之器。为我等祈

启 圣情大器。立义玫瑰。达味敌楼。为我等祈

应 象牙宝塔。为我等祈

启 黄金之殿。结约之柜。上天之门。为我等祈

应 晓明之星。为我等祈

启 病人之痊。罪人之托。忧苦之慰。为我等祈

应 进教之佑。为我等祈

启 诸天神之后。蕗圣祖之后。诸先知之后为我等祈

应 诸宗徒之后。为我等祈

启 诸为义致命之后。诸精修之后。诸童身之后。为我等祈

应 诸圣人之后。为我等祈

启 无染原罪始胎之后，为我等祈

应 至圣玫瑰之后。为我等祈

5、天主十诫歌

论异端。古人名。天地万物不是神。叩头礼拜都是罪。太平年烧纸焚香罪不轻。年太平背真主。拜亡人。夜梦鸟鸣卜吉凶。信观风水并择日。太平年邪昼邪法敬魔名。年太平喜看唱。帮魔钱。信听各样异端言。相面算命皆禁止。太平年万样异端讲不完。年太平

第一诫。该钦崇。信望爱。主常存心。天神圣人都该敬。太平年。念经默想报主恩。年太平

第二诫。敬圣名。言语说话要小心。念经讲道都当重。太平年 有苦有难念圣名。年太平 或发誓。说虚言。许愿不行犯诫端。无关轻重频呼主。太平年 咒己早死罪不浅。年太平 闲谈笑。语莫钦。许誓呼主罪难容。怨主不公此人世。太平年 邪庙许愿罪更深。年太平

第三诫。该遵行。主日瞻礼要罢工。早望弥撒听讲道。太平年 通功看书学经文。年太平 不守斋。不加经。主日作活不罢工。游玩散心闲谈论。太平年 愿惰睡觉负主恩。年太平 到主日。听命行。能守不守罪又深。贫穷有苦难遵守。太平年 禀明司铎有宽恩。年太平

第四诫。该孝敬。报答父母养育恩。勤养奉事听正命。太平年 言语行思要顺心。年太平 教不养。或不孝。父母跟前起骄傲。夫妻弟兄失和睦。太平年 儿女经言懒怠教。年太平 兄要宽。弟要忍。兄宽弟忍莫想争。帝王官长都该敬。太平年 主仆师徒一类行。年太平

第五诫。该爱人。四海之内为弟兄。救人灵魂上等爱。太平年 帮救苦患也有功。年太平 此诫内。分三等。嫉妒恨人罪在心。言语马人口舌罪。太平年 脚踢拳打心杀人。年太平 丧儿女。罪又深。医道不明乱糊行。自伤身体也是罪。太平年 见死不救罪又深。年太平

第六诫。毋邪淫。灵魂肉身要洁净。心存正志常向主。术平年 谨守五官保肉身。年太平 私欲念。听邪声。毋砚邪色口不清。身子糊行更罪大。太平年 不守正理罪不轻。年太平 或娶妾。爱淫人。无去匪类莫弃凶。引人犯淫也是罪。太平年 少有不洁亦染灵。年太平

第七诫。要公平。买卖手艺下苦工。爱财合理没有罪。太平年 为主哀矜更有功。年太平 好赌钱。或骗人。大斗小秤在其中。做贼明偷更罪大。太平年 抢夺暗偷仔细行。年太平 买贼物。亏佣工。放账贪利不怜贫。公中财物私自用。太平年 落人财物到手中。年太平

第八诫。虚妄言。人家丑事不可传。将无说有更罪大。太平年 坏名反舌罪不浅。年太平 坏人名。休当起。传人密事喜众听。假写文约告荒状。太平年 议人密事转人心。年太平

第九诫。邪念头。人家男女莫思谋。邪念一起急速退。太平年 存在心中罪又深。年太平 克邪念。细留神。男女师婆要小心。思想各念灵易染。太平年 各样污念不可存。年太平

第十诫。禁贪心。无义之财要除根。克去贪念不是罪。太年平 存在心中能害灵。年太平 贪财利。莫轻重。不义之财背信根。早起晚睡不得记。太平年 打抢劫夺刑上刑。年太平 奉教人。常存心。上爱天主。下爱人。十诫本是天堂路。太平年 不守十诫罚狱中。年太平

6、十二月采茶歌

正月里采茶是新年。先有吾主后有天。造成天地共万物。降来世上数千年。

二月里采茶茶发芽。提起圣教诚可夸。原祖亚当传人类。万国九洲是一家。

三月里采茶茶叶青。可恨魔鬼哄先人。哄的祖母吃命菓。罪犯有死到如今。

四月里采茶茶叶长。此菓本是害人方。昏迷不认天上主。火烧淫城苦难当。

五月里采茶茶叶元。人心好比荒草田。如同酒醉叫不醒。后降洪水来泡天。

六月里采茶茶叶旺。望见此水实惊惶。水湮四十单八日。留下诺厄人四双。

七月里采茶秋风冻。一家八口分四方。四大布洲传人类。才知伏羲到中央。

八月里采茶茶叶稀。不说伏羲人不知。诺厄儿孙十三代。才知伏羲有根基。

九月里采茶小春阳。伏羲儿孙闹嚷嚷。昏迷不认天上主。反把魔鬼当爹娘。

十月里采茶是阳春。提起魔鬼乃祸根。路济弗尔生骄傲。天主罚他永狱沉。

十一月采茶果连冬。劝君莫要成英雄。一心常在七克内。遵守十诫立大功。

十二月采茶整一年。休把世上当永远。但等来年春三月。从头至尾说根原。

十三月采茶闰月年。圣教道理讲不完。一来叫人明道理。二来叫人解心宽。

7、圣教采茶歌

正月里采茶是新年。天主本是大根源。造天造地造天神。造了大海造高山。造草木造菓田。日月星辰造的全。水族飞禽并走兽。一切万物全造完。

二月里采茶茶发芽。天主全能生人法。生下一男并一女。男名亚当女厄娃。传人类是他两。万国九洲是一家。人人都该相亲爱。不可争言恨咒骂。

三月里采茶茶叶长。亚当厄娃在地堂。天主留下一样菓。命他二人不许尝。有魔鬼来扯谎。谁吃命菓升天堂。

四月里采茶茶叶青。众人留心仔细听。魔鬼当初害元祖。今在世上把人哄。千百计顺人情。人有重罪犯主命。躲避不可沾着他。拉下地狱受苦刑。

五月里采茶茶叶圆。人心比作荒地田。地荒不锄苗不长。有过不改信胡言。把灵性要污染。酒醉如同睡梦间。昏迷不认天上主。天主发水淹世间。

六月里采茶热难当。一片大水甚凄惶。天主先教人知道。诺厄父子就提防。造一只大船舱。各样物种船里装。水淹四十单八日。留下诺厄人四双。

七月里采茶秋风凉。水落日后归老洋。一只大船落在地。地下无人一片荒。父子们出船舱。一家八口分四方。四大布洲传人类。三皇五帝到中邦。

八月里采茶茶叶稀。三皇日后有根基。五帝为君年代远。如今人人不记的。吾今日说与你。不说根基人不知。本是长子生的后。代代传生到如今。

九月里采茶是重阳。世上人儿都惶唐。随风东西信异端。不该留心想一想。五谷苗怎么长。人在世上怎么养。天主本是大父母。魔鬼不是爹合娘。

十月里采茶冬来到。提起魔鬼有根苗。本是天主造的神。路济弗尔起骄傲。调众神皆犯了。自发狼毒很不小。他有一个不痛悔。罚下地狱受永烧。

十一月采茶罢了冬。为人行善莫行凶。只听谦言合正理。处处待人要公平。忿怒心莫要行。吃亏忍耐有大功。世上能活几十年。好歹死后才分明。

十二月采茶正一年。圣教道理说不全。天主十诫遵行守。众人听见莫当玩。人死后到主前。世界穷尽听审判。恶罚地狱受永苦。善升天堂乐无边。

闰月采茶正当时。行善方法人不知。十诫就是天堂路。世人不走等何时。克七罪胜三仇。私欲偏情不存留。果然若是真从顺。后升天堂不发愁。

8、毛病采茶歌

正月里采茶是新年。提起圣教有根源。世界就是真苦海。圣教犹如一只船。主耶稣定规范。卒领许多大圣贤。昭垂后世万民法。领洗进教上了船。

二月里采茶茶发芽。圣教美丽真可夸。五伤宝血洪恩重。建立七迹宠无涯。守十诫恩佑加。克除七罪有良法。圣神启迪常默照。主保圣母玛利亚。

三月里采茶茶叶长。主如良善牧护羊。遣令尊神常作伴。免除祸灾保吉祥。十字架是神鎗。战败邪魔众豺狼。千神万圣为主保。代，求上主保安康。

四月里采茶茶正青。圣教洪恩本至公。许多教友在会内。善恶贤奸认不清。自母胎有偏情。犯罪容易难立功。若不小心克恶念。不怕天主至威灵。

五月里采茶茶叶圆。可恨教友不耐烦。经言要理不求懂。终日乱讲与闲谈。又吃酒又耍钱。不守规矩讨人嫌。别人过炭说不尽。自己不好扔一边。

六月里采茶三伏天。许多教友爱体面。百般妆饰俊秀雅。衣服美丽要新鲜。整容貌好花颜。恐人耻笑丑不堪。怠修灵神身不净。不怕污陋主鉴观。

七月里采茶秋风凉。贪财教友心内慌。朝思晚虑常打算。昼夜劳苦甚奔忙。想荣华美名扬。件件事情此人强。忘了永远真福地。拿着暂时当久长。

八月里采茶茶叶稀。教友愚蒙很无知。永远大事不理论。专看世上小便宜。爱吃穿。好安逸。贪恋女色上魔车。只顾眼前图快乐。不怕死后下地狱。

九月里采茶是重阳。可惜教友不耐常。平日懈怠随便作。神父来到着了忙。求众友。快相帮。习学要理有心肠。一阵热心如烈火。过后冷淡更凄凉。

十月里采茶茶叶落。奉教之人真可笑。胡里胡涂去念经。祈祷好歹不知道。东边歪西边靠。不是打盹就睡觉。眼前有事他都管。傍人提醒动骄傲。

十一月采茶是隆冬。敏悟之人爱诵经。常看圣书求明理。若着别人懒怠行。觉自己最聪明。笑话教友都愚蒙。这是骄傲一条罪。

先善后恶落长空。

十二月采茶一年完。热心教友善不全。同心朋友又亲爱。不随己意就憎嫌。行善事有时偏。不法太阳在中天。自己神工专心作。帮着别人不耐烦。

十三月采茶闰月年。各样毛病说不完。只要留神细察考。痛悔前非求可怜。仗宠佑依真谦。勉力拔出罪根源。时该小心顺主命。仰赖仁慈都升天。

9、神工采茶歌

正月里采茶是新年。天主真有赦罪权。原先交给宗徒们。一辈一辈往下传。主耶稣定规范。主教神父把教传。铎德就代天主位。无权不赦罪根源。

二月里采茶茶发芽。要紧神工先省察。先求天主开明悟。后求圣母玛利亚。作主保倚靠他。办的神工不能差。天主十诫默想到。圣教四规别留下。

三月里采茶茶叶长。省察神工别着忙。思言行为用心想。七罪毛病莫惶唐。记次数再思量。别露人名并地方。一次神工办的妥。拔出罪根灵净光。

四月里采茶茶叶青。教友办工得说明。天主跟前有罪否。一家外人公不公。土地上买卖中。财物口舌告个清。若瞒私欲一绦罪。罚下地狱受苦刑？

五月里采茶茶叶圆。不肯办工人可怜。习惯毛病不悔改。缺的本分有万千。无奈何跪台前。盖盖抹抹诉罪缘。他也无知发痛悔。不怕屋漏主鉴观。

六月里采茶三伏天。教友办工不耐烦。先怕神父问要理。又怕神工办不全。绕湾子用巧言。支东拉西拉一边。只顾眼前瞒下罪。死后赏罚甚威严。

七月里采茶秋风凉。办工教友莫惶唐。又要老实要谦逊。告解之间莫撒谎。恨自罪心断肠。真心痛悔自然彰。洗的灵魂真洁净。天主必赏升天堂。

八月里采茶茶叶稀。教友痛悔泪涕涕。恳求天主赏赐我。又该自己加勉力。很丑陋不堪的。无一条罪不恨的。告解前后都妥当。免了死后下地狱。

九月里采茶是重阳。爱办神工热心肠。平常时候预备妥。神父开工不着忙。告自罪泪两行。如同学舌一般样。句句告的真切实。运开天库真福享。

十月里采茶茶叶落，教友办工真可笑。糊理胡涂去告罪。许多毛病不察考。发愣怔又急躁。待了半天想一条。颠三倒四故意的难免死后大火烧。

十一月采茶是隆冬。热心教友爱办工。静动言为存心想。私欲偏情说分明。觉自己最愚蒙。自卑自下告的清。倚靠圣母为主保。免了地狱得上升。

十二月采茶一年完。告解规矩说不全。这条礼节最要紧。因着关系甚威严。办清楚总告完。念大悔罪后一半。罚的补赎用心记。痛悔再谢洪恩典。

十三月采茶闰月年。罚的补赎当作完。肉身爽快神洁净。闲事热闹不可观。心如宅扫除干。好领圣体大恩典。教友小心守诫命。仰赖仁慈能升天。

10、十诫采茶歌

正月里采茶是新年。天主十诫是当然。一诫一心献于主。克胜三仇绝异端。信望爱要的全。钦崇天主是良言。奉教再信异端事。罚下地狱苦无边。

二月里采茶茶叶萌。不可发誓呼主名。虚誓虽然哄人信。难哄天主全知能。莫良心把事蒙。后来审判怎么容。小心不犯第二诫。天堂道路任意行。

三月里采茶茶叶青。瞻礼主日要罢工。三诫以身献于主。谢恩自在此二中。或默想或诵经。死后赏你得善终。无故懈怠堂不进。灵魂怎么得长生。

四月里采茶茶叶长。不孝爹娘丧天良。天主灵魂大父母。敬主又该敬爹娘。听正命升天堂。尊敬长上礼该当。四诫不但尔敬奉。父母也该教儿郎。

五月里采茶过三春。五诫道理讲的真。使刀杀人固有罪。还有言行并一心。口骂人心恨人。都是得罪大纯神。五诫因着自杀己。谁要犯了火临身。

六月里采茶熟难云。邪淫本是万罪根。元祖亚当传人类。一夫一妇大人伦。听正命救灵魂。万国九洲一家人。小心不犯第六诫。天主许他进天门。

七月里采茶立秋天。人家财物不可贪。天下财物各有主。明偷暗拿是枉然。哄人银诳人钱。步步真往地狱钻。世上天主不降罚。生前得易死后难。

八月里采茶是金风。天主指人莫行凶。八诫教你扬人善。也是教你隐恶情。妄证人坏名声。天堂道路怎么行。为真作假身受苦。为假作真罪不轻。

九月里采茶霜降红。恶中自念不许听。私心一动急速推。不但无罪还有功。念头起留心中。必定自己下火坑。天主怕人下地狱。又立九诫细叮咛。

十月里采茶冷飕飕。贪财自念莫存留。借下银钱该还补。想人财物莫要图。见人财该害羞。为何是得妄贪求。又立十诫嘱咐你。恐怕当时祸临头。

十一月采茶是冬天。天主亲立十诫端。开辟之初铭人心。洪水后书石板。授梅瑟普世传。命人遵守不可犯。守者得赏升天国。犯了受罚苦无边。

十二月采茶是一年。犯罪根之说不全。天主又立七罪宗。多加小心莫当完。一骄傲二贪吝。四是忿怒七懒惰。十诫不守下地狱。七罪不克难升天。

十三月采茶闰月年。灵魂肉身不一般。肉身死了化灰土。灵魂不灭要保全。灵魂贵肉身贱。不死该当早打算。世上不是本家处。转眼天主就审判。

11、义和团采茶歌

正月里采茶是新年。天主原来准娑殚。许他游行中国地。以诱人灵逞其奸。副人体引练拳。哄人喊入冥狱间。群魔世上下罗网。教友知此便为难。

二月里采茶茶发芽。许多魔鬼闹中华。急诱众人入了网。练团可把教民杀。鎗刀不入言传耳。团能莫测乱喧哗。并传大地红灯照。抹红散毒万民家。传邪帖唱邪话。盼望洋人眼前花。吓的教友无主意。置鎗置炮等着他。

三月里采茶茶叶青。主教方来到北京。急时就把中堂见。不禁拳匪我吊兵。总理衙门商议做。学团不禁了不成。各州府县出告示。请神父体且暂停。可恨端王传密旨。阳奉阴违保大清。

四月里采茶茶叶长。各处学团正忙忙。幪红巾绑红腿。多少邪神他都装。东南一拜身倒地。起来四面耍刀鎗。男忙支更不能睡。老少谁敢寝其床。主教钦差同商议。各国吊兵到中洋。洋兵未来天津地。男女教友都惊惶。呼儿女唤爹娘。夜间速往村外藏。

五月里采茶茶叶圆。各州府县习练团。教友无法归一块。倚主神力打老团。拳匪乍来方逞勇。男女教友不安然。彼丢鞋来此丢赞。丢了儿女心苦酸。连声急把圣母叫。仰望耶稣求可怜。神父急忙放大赦。教友想罪心内惨。登时即想开鎗炮。围子四面跕周全。拳匪总似高粮仗。鎗响如倒万重山。得住师兄忙杀坎。少半逃回实实难。

六月里采茶热难当。男女教友俱往堂。不分昼夜把更执。手持一杆胜魔鎗。直隶拳匪无其数。争先恐后教民庄。拳匪开炮空中打。教友开鎗向肋膀。旗分南北归两色。只望逃出无他乡。教友倒此亦心狠。千刀万刮是心肠。老少拿着鎗与炮。支特拳匪进杀场。死者死亡者亡。尸堆看似几道墙。

七月里采茶茶叶红。直隶拳匪闹的凶。洋兵风闻路上走。那里还敢找消停。过江航海来的快。天津不远把路横。下船即到来争战。拳匪大近一窝蜂。寡能胜众诚然是。一刻之间来救兵。咕咚大炮一声响。兵拳尸首俱零星。洋兵连着往北打。不久就破北京城。吓的皇上改了色。便衣便帽出了宫。含着眼泪往外跑。紧随太后奔西京。

八月里采茶叶减新。洋兵已经往天津。处处练团全都散。多多变为务农人。恨的大兵常报怨。指脸骂他耳不闻。望见教友多羞愧。愿欲教民称弟兄。师兄有家仍虽奔。就是团主亦离村。将入门向谁存。恐其屋有奉教邻。动云我庄无学练。团上助善亦昧心。

闰八月采茶正秋天。光绪已经到长安。文武官员保着驾。大兵亦跟几万千。洋兵徧往直隶省。皇上那里敢回銮。托出主教求和约。主教条了十三欵。庆王中堂求减少。卑恩说合已再三。拳匪惹乱如此大。皇上太后泪涟涟。又后悔又为难。恐其国土保不全。

九月里采茶茶叶落。洋兵各镇都来到。那军尚住几营兵。一见洋人就要跑。洋兵急到便开鎗。逃军死的真不少。洋兵到此住一宿。早晨烧了东西庙。逃军跑的迷东西。逃军跑的无人要。才送鸡又送桃。各各村庄都送到。众人口中都叹说。自作自受真公道。

十月里采茶到了冬。黎民百姓受苦情。洋兵到来说得跑。恐其性命保不成。不知何处可投奔。夜间也得速登程。不怕风餐合露宿。仅望一家乱不逢。打听洋兵起了队。回家祸患明一明。捐了洋款又捐谷。孰告艰难也不终。

十一月采茶好冷天。教民亦有贪银钱。神父之言难存耳。只图世上假体面。吓的佛教真害怕。心中敢怒不敢言。托亲靠友求助善。说声嫌少就得添。捐银俩捐谷石。仅望一家保团圆。在团之人谁不悔。未学未练喊叫冤。

十二月采茶一岁完。桀数到此整一年。回忆从春数月间。教民谁云不可怜。千般苦万般难。真得从头谈一番。外教闻言应叹息。奉教到说命当然。房屋被烧有赔款。多谢神父苦心田。教民风波如此险。仰望正月有回还。齐齐全全回家转。真真我主大恩典。

12、瞻礼采茶歌

正月里采茶运气阳。立春耶稣献主堂。雨水六后玛弟亚。圣灰礼仪封斋详。大斋每逢瞻礼六。春季小斋斋内藏。发显全能造世界。我信圣父养育方。

二月里采茶是毛尖。草木发生杏花鲜。两斋并约惊蛰际。复活领报后或前。中华恩保圣若瑟。善终原日春分天。博学圣人奥斯定。我信天主无后先。

三月里采茶是清明。圣玛尔谷乃至诚。谷雨后五大祈祷。圣枝礼仪众共迎。建定圣体足濯礼。复活本日开斋庆。耶稣受难供祭成。信我耶稣已复生。

四月里采茶立夏中。圣斐理伯免罢工。圣雅各布伯同此日。寻获圣架善路同。三天祈祷升天近。耶稣升天一钦崇。圣神降临谁不信。我信受难救赎功。

五月里采茶忙种园。夏季小斋夏至赶。天主圣三犹大海。耶稣圣体得义源。保弟斯大圣若翰。圣心瞻礼显扬宣。圣伯多禄圣保禄。我信灵薄去罪原。

六月里采茶小暑然。往见依撒伯尔言。长雅各布伯列圣品。圣妇亚纳是圣贤。创见圣母血地殿。圣依纳爵院长谦。圣母圣衣多明我。我信四十日升天。

七月里采茶宜立秋。圣老楞佐致命由。圣母圣身玫瑰显。圣若亚敬道德修。处暑巴尔多禄茂。类斯圣王迎驾头。省察是安明尔信。我信审判岂不忧。

八月里采茶白露河。圣母圣诞礼乐歌。秋分前日玛豆圣。圣味增爵恒谦和。圣弥厄尔天神殿。护守天神第三科。玻尔日亚方济各。我信斯彼利多三多。

九月里采茶寒露同。恩保瞻礼相通功。霜降后四圣西满达陡圣人并进忠。诸圣瞻礼同吉庆。追思已亡表善终。谁为死后独不信。我信也有圣而公。

月里采茶正立冬。圣母献堂合中庸。则济理亚小雪后。圣安得肋修德荣。圣沙勿畧九日里。始胎冬季小斋奉。原本二罪谁能赦。我信赦罪有教宗。

十一月采茶皆衣褐。大雪霏霏很宽阔。冬至后四圣诞日。若望宗徒学不辍。首先致命斯德望。婴孩致命血洗波。亲探五伤多默圣。我信肉身之复活。

十二月采茶亨利贞。小寒前后立圣名。三王来朝献礼仪。隐修安当院长清。保禄归化大寒后。金口若望道理通。十一宗徒圣达陡。我信善人享常生。

十三月采茶节气和。子辰申年闰月合。茹达卖主行不肖。失望主佑获罪过。中华主保沙勿晷。东洋宗徒圣迹多。依众公举玛弟亚。后补宗徒采茶歌。

13、十二月口外老歌

大年初一头一天。常顺弟兄来到堂前。先与父母新年拜。有父母。真喜欢。响了三串把把顺。○○热热闹闹过新年。○○○

二月里。清明天。预备粪土种庄田。两个长工六十吊钱。田地里。常顺看。家里有个小三三。○○买卖周行有钟连。○○○

三月里。三月三。三人起身至西湾。闻名朋友是钟连。西切梁。大高山。路冻难走雪满山。〇〇点灯以后纔到门前。〇〇〇

四月里。芒种天。多受钟连大恩典。一家恩情难以言。多收礼。多花钱。人马三惊不厌烦。〇〇至死忘不了好钟连。〇〇〇

五月里。天又长。讲道劝人费心肠。多少好人上了当。天上头。没玉皇。不用给他白烧香。〇〇恭敬古人升不了天堂。〇〇〇

六月里。热难当。下了地狱真惊惶。人生在世不久长。作好事。升天堂。死后赏罚真难当。〇〇当一个好人此谁强。〇〇〇

七月里。秋风凉。韮菜坪里好地房。地土平正无坡梁。吕实弟。好心肠。赵海心。人善良。〇〇一家子好人他们姓杨。〇〇〇

八月里。通换衣。起身来到四台嘴。讲道劝人传教规。有光林。刘祖奇。光林作饭真出奇。〇〇他家父子毂一为。〇〇〇

九月里。小阳春。河阳沟里有蔡成。蔡成为人有好心。花费银钱不心疼。烧茶递水真殷懃。〇〇买上鸡儿送到花林。〇〇〇

十月里。是重阳。讲完道理回家乡。吾看你们没主张。好人们。多商量。不可害怕息阻挡。〇〇天主定然有方向。〇〇〇

十一月里。是阴冬。盼望再来看你们。你们若要救灵魂。想天主。大神工。主日瞻礼要罢工。〇〇天主十诫记在心。〇〇〇

十二月里。整一年。该念问答学经言。不懂规矩看礼单。把道理。记心间。要理问答全学完。〇〇领洗入教才能升天。〇〇〇

14、圣母哭五更

耶稣被钉在高山。诸般苦楚实难言。圣身埋到坟墓内。天晚圣母转回还。日没天黑百工静。圣母痛苦真可怜。

一更里。天黑昏。圣母想儿泪淋淋。哭声我儿不知娘忧闷。你受苦难赎人罪。因为救人离娘身。耶稣。左右想。暗思忖。何人报得这样恩。你今死去舍了我。活活的摘去娘的心。

二更里。泪盈盈。圣母思念母子情。想起耶稣行孝敬。孝敬为娘三十载。并无一日不顺情。耶稣。你常说。受苦刑。不想今日你命终。无辜受尽万般苦。你教为娘的怎样疼。

三更里。半夜天。越哭越痛越心酸。哭的圣母肝肠断。口干舌涩嗓子哑。昏身流汗湿衣衫。耶稣。身背架。头戴着圈。为娘的在后亲眼见。一路跌倒整三次。想起来。为娘的心。真如油煎。

四更里。泪悲伤。圣母想儿哭断肠。想起苦难，怎能忘。耶稣钉在十字架。亲生的母亲在一榜。耶稣。从今后不能孝娘。你靠若望是儿郎。想起此言心发乱。好似钢刀刺心肠。

五更里。泪搭撒。圣母哭的眼昏花。哭声我儿活了罢。你的圣身葬坟墓。为娘心中乱如麻。耶稣。你不活娘心挂。你娘想的眼忙煞。快着复活来见我。好教为娘的放心下。

五更后。天鸡鸣。圣母哭死又复生。只听有人把娘称。圣母慌忙睁眼看。原是若望把话明。亲娘哎。止住哭。莫放声。若望是你亲儿中。叫声母亲百年后。有了若望以送终。

圣母闻听泪如梭。叫声若望听我说。若望不知我心是难忍。耶稣在世无罪过。受的苦辱甚凶恶。耶稣为人受恶谋。何人回头改过恶。思想起来真难受。多咱耶稣他复活。

若望闻听好惝情。叫声母亲你且听。母亲心里别伤痛。耶稣在世常言说。死后三日必后生。亲娘哎。抹抹泪。想想情。吾主耶稣有全能。我娘你且止住伤心泪。免得若望泪零零。

圣母闻听泪洒洒点点颈。把头低。思想半晌开言道。叫声若望你得知。若望休要哭悲啼。耶稣复活安慰你。耶稣说话无差语。明日三天复活矣。咱等明天复活矣。

15、神父忧闷歌

白词

后晌念晚课。来了七八个人还不齐备。他们就等着。一时心闷睄。愿意听唱歌。今日嗓子咙。打上又咳嗽。我若唱不好。可别笑话我。

一更里。月出来。神父心中好伤怀。现令人儿热心少。十有八九俱懈怠。奉了教。更利害。有点事情不忍耐。若是有人得罪他。吃个席儿也应该。

二更里。月明高。神父一阵好心慒。经言问答学不会。说说你又不害臊。下会时。考一考。没有一个背的好。年年如此不长进。是真把我气杀了。三更里。月明圆。神父一时好惝惨。冷淡教友不本分。糊作妄为惹祸端。有官事来找咱。求着神父给他管。不管他就不奉教。这样教友真难玩。

四更里。月明光。神父一阵好心伤。有名无实作司牧。看看放的什么羊。这个村。那个庄。教友彼此闹急慌。你我相恨不和睦。末了弄的不进堂。

五更里。月照临。神父两眼泪纷纷。此地今年来下会。件件事儿不称心。讲道理。费精神。教友听之而弗闻。好歹尽其本分罢。行善作恶由各人。

六更里。月光斜。神父收泪。把眼搽。虽说传教受辛苦。受苦愈重功愈加。讲道理。磨齿牙。如树结果又开花。世上能待几时日。到了天堂才是家。

七更里。月光华。神父面上笑嘎嘎。一想光阴快如箭。看来日月又如马。往前进。别懒惰。自己本分莫垃耍。乘着小儿多出力。老来还能作什么。

八更里。月西迟。神父心中又喜欢。教友俱是吾神子。那个我也不弃嫌。热心的。我喜欢。不热心的我劝勉。在世如同一家人。死后一齐同升天。

九更里。月光茫。众位教友听短长。神父忧闷为的你。你可平心想一想。你行善。你受赏。自己作罪自己当。神父如此苦苦劝。难道你是铁心肠。

十更里。月满轮。众位教友泪纷纷。个个捶胸发痛悔。都说神父爱罪人。受辛苦。为的咱。提拔我们救灵魂。我们大伙回头罢。从今以后要热心。

16、冷淡教友十五更序

众位教友听	讲的是道理	教人好上行	不是说的你
你可别心惊	不必说中国	且说直隶省	百卅单八县
教友数不清	人人有过错	各各有毛病	既是原祖后
就有七罪宗	自己肯定改	往后把善行	一步迈错了
后悔也不终	众位都押言	听我唱一声	

冷淡教友十五更

一更里。掌银灯。众位教友仔细听。为人在世要勤慎。莫効空闲懒惰虫。有工夫。要念经。瞻礼主日要罢工。在世修德敬天主。方可死后得常生。

二更里。月出来。魔鬼诱惑离不开。凭着十诫你不守。拿着犯罪当应该。喝醉酒。去骂街。打骂吵闹惹祸灾。立下无数坏表样。问问你是该不该。

三更里。半夜天。魔鬼施展巧机关。懒惰人儿不学经。出去串门散心顽。也吃烟。也要钱。无要拉紧说闲谈。有这工夫学经言。什么道理学不全。

四更里。半夜多。众位教友听我说。懒惰人儿不务正。巧言花语胡推托。说闲言。拉瞎话。抱着孩子成天耍。着他学经无工夫。真算是个懒老婆。

五更里。大天明。早课起身又该行。忽听钟声铛铛响。打钟聚人去念经。想起来。又怕冷。真算你是胡涂虫。躺在床上发懒惰。被窝暖和正相应。

六更里。日头高。懒惰人儿不害臊。轻自而易不进堂。到了堂里又睡觉。念经时。光发燥。恨不能的快完了。歪七扭八不正当。看样就是瞎胡闹。

七更里。出太阳。懒惰人儿出了堂。遇见一个卖肉的。心里想着要尝尝。瞻礼六不该当。闻着滋味又甚香。不如割点尝尝罢。省的心里馋的慌。

八更里。日徘徊。懒惰人儿上了街。箭直走到赌博场。心里要想孔方哉。或看牌。或掷骰。钱钱都上我手来。虽说死后下。地狱。如今肉身先自在。

九更里。日正南。懒惰人儿吃洋烟。躺在床上如死尸。要吃就得一正天。上了瘾。不是玩。鼻子流水明松眼。请看这个大烟鬼。一天狂花多少钱。

十更里。日偏南。懒惰人儿心太宽。什么事情也敢作。什么事情也敢办。或讹诈。或诳谝。千计百方要想钱。虽说钱财不公道。暂且好过有吃穿。

十一更。日头西。懒惰人儿不必题。许多毛病他不改。还不回改等何时。我寔在可怜你。道理不讲你不知。劝你在世早回改。免得死后下地狱。

十二更。黑暗暗。人有毛病不相干。自用痛悔速定改。罪人也可得升天。从今日。打算盘。修德立功勇往前。在世热心敬天主。死后享福永无边。

十三更。黑了天。懒惰人儿心里烦。不如看戏解解闷。伸着脖子往上观。到戏上。睁开眼。拿着褡子捎着钱。看戏人儿如呆瓜。唱戏人儿似疯汗。

十四更。出了星。懒惰人儿妆哑聋。世俗之事全都懂。灵魂之事他不明。不进堂。不念经。瞻礼主日不罢工。如此冷淡不回改。难免死后下火坑。

十五更。月在西。众位教友都听知。这个唱儿有大益。不是取笑闹玩的。发痛悔。立定志。从今以后改脾气。转过头来守规矩。才算你是好孩子。

17、聂鲍二位司铎五更

一更里。在书房。漫漫细想。思想起。聂神父。腑胸被愓。庚子年。五月间。拳匪风起。因此才众铎德。失了性命。升天堂。享福乐。抛下败子。又如那失了的无牧之羊。

二更里。在书房。合夜朦胧。思想起。聂神父。离了北京。想当日。同一堂。伏望吾主。不料想。至于今。回了天堂。盼望的异端灭。圣教广扬。同神父跪主前伏拜圣宠。

三更里。不过十。半月之间。思想起。鲍神父。泪滴不干。想神父。能赦我。近立主前。想神父。能赦我辅翼前进。想神父。能赦我原本诸罪。想神父真难受一死就完。

四更里。月正西。睡在床中。思想起。鲍神父。儳主之情。抱我身。有我灵。比月中情。超过我。生身母。敬心看成。但恨我。无信德。常违主命。弗能报于万一。热爱中情。

五更里。东发亮。将身要起。思想起。鲍神父。毫不惨泣。做弥撒。记念我。厥功更大。众教友。求主佑。共相祈祷。思想起。好难受。抚救靡稀。救我灵。舍性命。息止安所。

聂鲍司铎被拳匪活烧在南皮县杏行村。于光绪二十六年五月二十二日。（见拳祸记。盐山教难）

18、五更歌

一更正一点。忽然睁开眼呀想起这害病实在心上酸呀我的灵魂嗳如今你该想呀生命因病完呀想的我可怕呀想的我难当呀想的我浑身打战心上不安呀（后都是将末句重念一次）

二更正二点。忽然睁闭眼呀想起我死来实在是危险呀我的灵魂嗳如今你该想呀死后第一关呀

三更正三点。忽然睁开眼呀想起这审判实在是威严呀我的灵魂嗳如今你该想呀威严大番判呀

四更正四点。忽然睁开眼呀想起这炼狱实在是苦难呀我的灵魂嗳，如今你该想呀炼狱是火炎呀

五更正五点。忽然睁开眼呀想起这地狱实在是可怜呀我的灵魂嗳如今你该想呀地狱是永远呀

19、哭五更

一更里儿怜。我等罪过如冰山。早回头急速登儵难。恨罪从前才知道天堂本是我家园。惊自尊恳求祈恩典。

二更里儿骄。死后罪恶过难逃。快求上主有恩引导。心里发毛遭来前怕地狱永远火儿烧。主赦我焉敢生骄傲。

三更里儿悲。世上忽然罪皆迷。恩荣福才知道真主意。勉力登天梯。前辈圣教是个便宜。无限乐才得自后利。

四更里儿苦。谨守十诫守规矩摸心次才不一个瞻礼务。起意好精修。异端财色一笔句。升天堂未有无难路。

五更里儿荒。世上杂教洪人长。从今后永不信邪魔诓。修身脱魔网。但等复活降吉祥。主佑我诸圣同相帮。

20、五更太平年（韵调合十诫歌相同）

一更里。月出东。圣主台前拜诵经。闭目合掌心向主。太平年 不敢分心想别情。年太平 想大父。看祈求。圣母亲身美洁修。圣人圣女同庆贺。○○○天神提笔把账留。○○○

二更里。工课完。叩谢大父保平安。仰望仁慈是无限。太平年 此日洪恩要保全。年太平 出门外。把景观。日月星辰照满天。昼夜轮流长来。○○○从古至今数千年。○○○

三更里。到夜中。想起当年主降生。人住房屋还嫌冷。太平年 可怜圣子在马棚。年太平 冬至后。第四天。马棚里边受饥寒。驴牛伏地认真主。○○○牧童守夜未安眠。○○○

四更里。梦中间。天主圣目把景观。圣德之人默想主。太平年 花卉粹洁不可言。年太平 想大父。至威严。日后降来要审判。人人隐恶扬其善。○○○万世人前怎么担。○○○

五更里。鸡报鸣。天主台前作神工。昼夜劳心图为主。太平年 日后天堂定安宁。年太平 不多时。到早晨。心洁体净谢主恩。望求善保十二辰。○○○刻刻预俻到惶昏。○○○

21、义和团太平年（韵调同上）

正月里是新春。清平世界郎郎乾坤。朝中贤臣忠勇将。太平年 士农工商都是良民。年太平 我逍遥自在神。城里关外去散心。遍观世界真奇妙。太平年 豪杰英雄故不乏人。年太平 只因为洋字俊。人人都说我不信。一日我到了马家堡。○○○火车载着行路人。○○○往保府往天津。当日就能回京门。这样火车虽说快。○○○苦了车脚各行人。○○○

二月里柳叶青。无事闲游我要出城。身穿洋绉大夹袄。太平平 洋绉褡包系在腰中。年太平 小子表走的伶。出门看看几点钟。可恨时辰是洋字。太平年 无可耐何用不成。年太平 出门外往前行。东洋车子走如风。人拉人推走的快。○○○前门外头道路也平。○○○大药房正时兴。西洋药料无数瓶。得我总也没病。○○○吃了那洋我可不行。○○○ 三月里桃花开。听说电信走的快。顷刻之间千万里。太平年这个事而一有点奇怪。年太平 邮正局清国开。请了洋人来安排。三百大钱送一封信。太平年不论那省发的来。年太平 别的人都喜爱。我的心里不明白。我有心要除除不了。○○○膨着肚子气在怀。○○○大烟馆真奇哉。虽说洋药倒别裁。我的亲亲友友都有瘾。○○○若是裁了把他们伤害。○○○

四月里是清和。洋字货物实在多。胰子煤油洋钮扣。太平年 烟卷汗伞自来火。年太平 施医院讲经所。大洋楼来好不为我。各国使馆居在交民巷。太平年 要养病堂子做什么。年太平 看起来这些事。平了他们也不多。尽是乏人不敢惹。○○○恐怕撞了马蜂窝。○○○我一人不能破。街坊四邻帮助我。亲亲友友来相助。○○○不毂还有我大哥。○○○

五月里端阳节。五行八做把工歇。茶馆酒肆都来讲。太平年 这个洋字真该灭。年太平 正说间恰巧也。街上出了个小谕帖。洪君老祖传来的法。太平年 山东来了个祖师爷。年太平 义和拳真各别。刀坎不入念咒掐诀。传法令是大师兄的事。○○○红灯照者是大师姐。○○○手把刀上体也。咈哧咈哧一溜歪邪。有瘸拐李有狐仙爷。○○○有孙猴儿有猪八戒。○○○

六月里天气熟。庵观寺院把坛设。声言八百万神兵。太平年 杀人放火不为过。年太平 是洋字都灭得。煤油取灯要留着。洋鎗洋炮洋地雷。○○○以洋攻洋倒不错。○○○大师兄前引着。腰系红带红布包上额。众位师兄来焚表。○○○烧杀喧嚷的了得。○○○者团长发令者。军民人等要听着。家家烧香供凉水。○○○面向西南把头磕。○○○

七月里巧相逢。众位好汉逞英雄。观者也有几千万。太平年 其余也有小儿童。年太平总团府来上名。姓氏住处名册登。京都城内无其数。○○○皇城以里数不清。○○○廿一日十点钟。自听鎗炮响连声。寔只望洋字这就灭。○○○谁想到洋兵走进了城。○○○忽然间炮一声。咕咚一响破了皇城。众位老哥回头看。了不得可着街■尽是洋兵。○○○

八月里中秋辰。城里关外乱纷纷。月饼果子没有见面。太平年 戴枝毛豆没有一根。年太平 中秋节过不稳。日光码子无处寻。兔儿爷亦不敷本。○○○鎗炮吓得不敢装神。○○○想起来好伤心。家家插旗写顺民。刡去对联贴白纸。○○○人人和泥抹门神。○○○各国兵进京门。法英俄意大日本。美国奥国大德国。○○○安南印度是黑人。○○○

闰八月廿九天。闹的世上马移人翻。若有冤枉无处诉。太平年 各国八段把民安。年太平 喊冤者公所断。弹压地面有洋官。处处洒扫要干净。○○○家家挂灯立棋杆。○○○各国旗不一般。法国三色红白蓝。外洋兵丁要说汉话。○○○好的好的特来边。○○○外国话南伯弯。没有没有是常言。街上的方便不敷本。○○○叫你拿开还要罚钱。○○○

九月里菊花秋。家家户户正发愁。洋兵发令扫街道。太平年 外边有屎往屋里锄。年太平 当苦力怕害羞。无事不敢在街上游。妇女惯梳大拉翅。○○○当下都挽上美人■。○○○铺户人后门溜。全都跑了一人无有。土匪称势来抢掠。○○○家具货物一概丢。○○○当差的钱粮无。想个营生喝一碗粥。官儿老爷卖干醋。○○○官儿娘子卖香油。○○○

十月里天气寒。荫间鬼神实可怜。今年未送寒衣纸。太平年 阴魂冻死冤不冤。年太平 这苦况实难言。至今我没有穿上棉。皆因我洋财没发上。○○○当下闹的我赤手空拳。○○○我国家恩泽宽。半分金帖月月关。虽然半年没还账。○○○到底不敷与吃穿。○○○有铺户半掩价。值昂贵货还不全。一百白布买九百六。○○○半斤棉花三吊三。○○○

十一月里立了冬。街上卖买乱閧閧。蠟铺开张卖大蒜。太平年 首饰楼开张卖大葱。年太平 下大云天未晴。街上不许有点雪。黑人发令扫街道。○○○门口有雪撮在院中。○○○办喜事到逍停。锣不敢响鼓不敢鸣。抬起轿子飞也是的跑。○○○没有执事没有灯。○○○出大殡不时兴。掩旗息鼓到坟营。就是一样到省事。○○○没有映榜出了城。○○○

十二月里整一年。今年光景不似先。祭神不许放鞭炮。太平年 家家无心贴对联。年太平 到年底二十三。想买挂鞭狠艰难。祭皂糖瓜卖的少。○○○皂王爷的嘴也没有沾。○○○皂王爷为了难。张着大嘴怎么上天。上天怎肯言好事。○○○回宫没有皂王龛。○○○增一岁不非凡。彼此不顾拜新年。十三月太平景况说不尽。○○○明公删改再增添。○○○

22、麂子歌

麂子呀麂子呀不聽命的小梅花自從亞當放了你捻你捻常在山裏不回家你尾捻

不套车。不拉犁。不驼驮子不能骑。天主造你有何用。捻你捻 就是吃肉剥你皮。你尾捻

麂子们。你快来。告诉你们听明白。今天安的明天正。捻你捻 连镶火鎗采东采。你尾捻

往西跑。有海梁。东面还有大个王。南面安的好江水。捻你捻 我看麂子往那乡。你尾捻

23、托生歌

轮回说。虽然虚。人多信寔不改移。皆因私欲管本住。■■呀 假借托生信意为。呀呀■

不穷情。不察理。祖父儿孙一辈推。兄弟还比哥哥大。■■呀 奶奶反成孙子的妻。呀呀■

养鸡兔。使奴婢。叫声爹妈也返疑。哈叭狗子跑上杭。■■呀 你的太爷他是谁。呀呀■

贩牛马。买骡驴。你的爹爹叫谁骑。为人别说没牙话。■■呀 恐怕你爷转成个驴。呀呀■

轮回人。就可疑。若转草木大丢气。变成兔子不像个事。■■呀 托生龟儿谁敢提。呀呀■

牛下牛。鸡乳鸡。未有人儿怀骡驴。若说高低一般大。■■呀 请问下你是那个驴。呀呀■

既说转。何考妣。祖宗不在你坟里。烧纸上香白费事。■■呀 大概人家不谢你。呀呀■

人一转。三魂离。只身男子上庙去。因有灵机有不应。○○○叩头礼拜尽是个虚。○○○

叫阴阳。免地狱。请问你爷还是谁。为人只有一父母。○○○夫妻不离更可疑。○○○

劝君子。莫糊迷。人是人来鬼是鬼。正当明公你说白话。○○○着人笑破肚腹皮。○○○

24、受难五苦

受难一苦忧。山园祈祷血汗流。茹达斯竟把良心负。同众定计谋。押解耶稣送于四署。绳子拉打骂无其数。

受难二苦哭。吾主圣躯捆在石柱。无情的人手拿鞭子抽。浑身鲜血流。世人造罪吾主受苦。人把洪恩负。

受难三苦难。可怜的耶稣头戴茨冠。披红袍右手拿上权。耻辱无可言。假拜如王跪在面前。竹竿敲才把鲜血见。

受难四苦惨。主背圣架赴上山。一路压跌寔难看寔寔的可怜。圣母见了苦难言。为娘的心怎不叫他肝肠断。

受难五苦天。救世的真主在架上悬。无穷罪耶稣才救赎完。说的好心酸。无灵万物尽皆伤惨。有灵的人为何不感谢念。

25、救世五苦

救世一苦惨。提起救世寔在可怜。把一位真主降生在驴牛圈。心里好伤惨。谦逊与卑下主身当先。我怎敢从肉情再把骄傲犯。

救世二苦哀。主裸破衣为人贪财。爱金银才把灵魂坏。贪心再不改。富贵的荣华急早丢开。休要学茹达斯。再把耶稣贾。

救世三苦难。可怜的耶稣受了风寒。全不嫌黑暗处。竟在驴牛栈。知事非偶然。快乐的事丢在一边。要为主远世俗。富贵全不恋。

救世四苦深。五伤的真主他把父亲。称起来不由的心酸痛。休造铁石人。这件事儿大有关心。若等到审判时。后悔不中用。

救世五苦晓。外国三王将吾主来朝。要为主远世俗。荣华全不要。生命不见牢。虚假的功名惧人不少。休当真世福。只管此处闹。

26、圣母大七苦

天主母玛利亚。主预选。万福万乐大寶全。读诵古经言。知主受艰难。那时间心受痛苦苦难言。诞生真主献圣殿。先知传主受苦万端。娘心痛忍攒。仁慈母再三感谢记心间。持手爱子看。忍受多难这件苦。常常刺心三十年。

主降生为救人。大恶王。将恩主就把良心丧。杀主命。便殃婴孩尽皆亡。母子们。半夜起身好恓惶。急急忙忙逃异邦。苦难当。圣母泪汪汪。人马闹嚷嚷。一定是擒拿吾儿官兵挡昼夜苦奔忙。心意好惊惶。只恐怕耶稣性命恶王丧。

勤神工圣母惶。瞻礼回。二圣就各把耶稣遗。天晚方得知。急忙便转回。大概是待的不好离吾去。娘心痛苦寔寔难离。泪常垂。昼夜想。亲儿忧愁好伤悲。找遍无信息。恶王闻知拿捋去。五儿命便危。痛的娘心碎。要喜乐除非见面重相会。

救世母。爱子心。最心虔。闻主背架苦上山。心内似刀剜意乱。心不安慈心母急急忙忙赶上前。途中血点尚未干。好伤惨鎗刀剑戟攒。恶王闹声喧。见耶稣苦处伤痕。不忍看。头上戴茨冠。十字架在背。为娘的怎不叫他肝肠断。

致命母。偕圣子去上山。见主容颜甚可怜。满面血流鲜。裰衣代皮沾生身。母亲见爱子浑身烂。被钉十字万苦攒。好凶顽。钉打苦难言。耶稣架上悬。钉手足真真钉的娘心烂。寔寔好惕惨。万物共哀怜。命已尽。肋旁边。又拿铁鎗穿。

天主子。圣功完。慈母爱亲见耶稣生命无气断。血伤流忧苦泪难受。见伤痕。痛忍刺心呼耶稣。若无圣佑命便休。好爱徒。把看主身哭。圣妇泪常流。应该想生命之母痛。何如香液偏身涂。敬脸用白布。最可惕。救世真主土一邱。

大恩主。葬坟荣。母泪流眼观伤。痛哭耶稣伤心泪交流。保命怎被丢。为娘的心肠在耶稣墓里头。惨伤哀痛古今转回涂。声声叫耶稣。步步泪常流。仁慈母。这伤痛苦寔难受。危世徧三仇。悔罪又哀求。求圣母为你七苦将吾救。

27、圣母小七苦

圣母一苦惨。怀抱着耶稣献于圣殿。西默盎就将受难传。圣母好伤惨。铭刻五内智恊在山。真真儿苦了三十年。

圣母二苦哀。恨心的恶王才把耶稣害。传恶旨尽杀二岁婴孩。圣母苦哀哉。主来救人先要受害。逃外国步步的儿悲哀。

圣母三苦啼。京都瞻礼才把耶稣遗。仁慈的母急忙转回。三日痛愓悲。慌慌忙忙到了圣殿里。见耶稣才把忧愁去。

圣母四苦涕。忽见着耶稣重架上背。圣母的心好似刀尖刺。泪珠而常垂。痛悼哀伤尽相随。为娘的恨不得将身替。

圣母五苦惨。救世真主十字架上悬。钉手足才把五伤显。圣母苦难堪。好比钢刀扎心尖。圣母受苦世人谁感念。圣母六苦泣。十字架上是亲儿。见主的伤通断心肝。越看越伤悲。奉教人心里慢慢的思。圣母受这苦皆因为何事。

圣母七苦悔。可爱儿子石墓里埋。真寳的命怎忍的相离。寔寔舍不得。哭哭啼啼转家回。圣母受七苦皆因人造罪。

28、四末叹

叹死后。定然来。怎样防。野草荒郊是故乡。魁伟本雄强。秀俏粉红妆。好容仪。终久是个臭蛆囊。富贵荣华草上霜。最堪伤。浮生梦一场。穿梭日月忙。笑迷人。饮露餐霞总荒唐。解开名利缰。斩断情欲肠。修灵魂。自有常生不老方。

想灵魂。到审判。胆战兢威严台下定权衡。贪淫傲情行。谦忍共廉贞。功与过。查个仔细更分明。幽微暗明那许藏情。好公平。休仗巧舌争。枉费苦哀鸣。怎当得。善神恶鬼逐一评。天堂显光荣。地狱放悲声。霎时间。一升一降永不更。

休作恶。想地狱是火坑。背主忘恩负义人。身受烈火焚。魔鬼恨。又凶苦。一时胜如世上几万春。痛苦难禁大放悲声。永牢笼。总不开赦恩。何日可脱身。休望想天主。威怒罚难容。永远定死刑。奉教世人听。早回头。将来免罚在地狱中。

想天堂。轻世福是良方。灵魂欢乐到本乡。见主圣三光。仲观慈母皇。偕诸圣。和睦相好爱非常。洁净花冠粹美香。好时光。形神永泰康。常生不死亡。共发显。四奇六福。喜乐无疆。美景无限量。处处满荣光。享真福。永远才把世苦忘。

29、升天直路

原祖母造罪根。世问人尽沉沦。天主恻然动慈心。降生在汉朝。哀帝元寿年岁庚申。重一句十五岁女孩童。奉王命。到白冷。风寒劳苦怎受禁。天主母尚且受苦。大罪人怎敢安宁。重一句至尊主。降人间。马槽内寔可怜。破衣裸体。将人劝。骄傲心须当远去。感主恩时时要谦。重一句万福主降尘间。冬至后甚严寒。驴牛圈内。难存跕。主不避风寒雪雨。我何敢饱暖安眠。重一句至贵主。赎世间。降王宫有何难。偏偏选定在贫汉。主不取荣华富贵。专治我世上心贪。重一句异星现。主降生。三国王。昼夜行。风寒雨雪全不论。一心儿想见真主。全不顾尽臣之忠。重一句圣三王。信德深。千里外破窑中。匍匐尘埃拜圣婴。他为主舍了江山。万里到如今享福无穷。重一句天主恩。似海深。结人性。取人身。呼爹唤娘做儿孙。这恩情原非一日。整整儿三十余春。重一句主为人。行孝心。几呼唤甚殷懃。时时要把双亲敬。只想主从旁侍立。由不得泪珠满淋。重一句造物主。为救人。脱表衣。跪埃尘。双手棒脚用水淋。宗徒们脚洗干净。天主恩寔寔无垠。重一句这件恩。不非轻。脚洗净。用口亲。至尊天主跪吾人。我若能谦恭相爱。才不负这件恩情。重一句主与徒。共晚餐。举饼酒。祝圣言。真体真血。给人咽。诸宗徒感恩无尽。茹达斯只想银钱。重一句造万物养吾人。钉十字。救吾灵。惟有圣体恩情重。主与我相合为一。加力量战胜魔功。重一句万德主。如罪人。山园内跪埃尘。三次祈祷为万民。只因他爱人心切。浑身出汗血淋淋。重一句主心意。休做免。所怕者。受艰难。人心软弱明明见。遇患难先该求主。得圣佑方瞻承祖。茹达斯。没良心。即卖主。妆好人。佯表爱主用口亲。只知道银钱为重。全不顾师弟恩情。重一句茹达斯。爱财人。假修道。虚念经。贪心不足是罪根。到如今银钱何在。只落得后悔无穷。重一句众恶党。怒凶凶。持干戈将主寻。好似羊羔被狼擒。大主宰如此受辱。奈世人毫不关心。重一句恶言骂。棍子抡。绳子拉到衙门。前后左右尽凶人。若问主因何受苦。单单儿为救万民。重一句拉耶稣。进衙门。亚纳斯。问一声。传教收徒为何因。罪可恶。恶肄一掌。打的主满脸通红重一句耶稣面。圣尊容。恶人打。最伤心。该把自己良心问。主为我这样受苦。用何功还报主恩。重一句盖法斯。为教宗。心骄傲背主恩。一心要害耶稣命。裂衣服。施其威怒。命二郎任意加刑。重一句苦耶稣。至晚间。帕瞌睡。做戏玩。百般耻辱随人便。将吾主做个玩艺。说起来痛碎心肝。重一句众人唾。掌其面。口里马帕蒙眼。你能知道谁打脸。奉教人知恩不报。胜于那当日凶顽。重一句身绑柱。棍子敲。拳头打。恶言嚼。一夜艰难怎受熬。奉教人心如铁石。受这苦不念丝毫重一句伯多禄进衙门。悄悄儿探事情。今日不把耶稣认。只因他三次背主。一生儿泪眼成痕。重一句伯多禄凭意行。不靠主。显自能。定要与师同致命。若非主回目点视。竟做了负义忘恩。重一句黑落德闻主能。见耶稣甚殷勤。面指多奇将主问。不过是喜欢灵异。那里有爱主真心。重一句主不言。为救人。黑落得。怒生嗔。白衣加在耶稣身。恶王以疯狂辱主。恐天下尽是疯人。重一句比辣多尽知情。既没罪。怎加刑。一心要把耶稣纵。只因他心肠时软。将吾主暂加鞭刑。重一句绑手足。莫转移。鞭子打。五千余。鲜血淋淋为着谁。皆因我浑身造罪。打的主肉烂筋飞。重一句假称王。着红袍。假意儿将主朝。起来又拿竹竿敲。主为我受这样难过。奉教人抛在九霄。重一句大恩主戴茨冠。深入脑。痛难言。满面血流甚可怜。人人喜妆好容貌。主头上棘茨为冠。重一句比辣多没主掌。想放主。怕豪强。定案才把良心丧释主权亲口言过。洗了手焉能无防。重一句众恶党喜盈盈。将耶稣定死刑。今日才把心肠放。一时间欢天喜地。万万年不得安身生。重一句救世主。照山上。背圣架。带茨冠。东倒西歪步步难。普天下万民罪债。耶稣身一总承担。重一句至钉所。去茨冠。褪血衣。痛难言。头上又把茨冠接。救世主身无一线。寒风吹疼痛难言。重一句恶人们。好恨心。将手足。钉钢钉。鲜血淋淋怎受禁。钉十字赎了人罪。谁不该感谢洪恩。重一句仁慈母。在架旁。见亲子。受万伤。好似钢刀刺心腔。皆因我世人造罪。致命母痛断肝肠。重一句葬耶稣。在墓中。仁慈母。转回程。忧痛惨伤时时忍。泪涟涟哭回家去。时时盼三日复生。重一句弟兄们。错用心。为儿女爱金银。自己灵魂全不论。临终时件件丢下。只恐怕永火烧身。重一句当感谢。天主恩。降世间。为救人。三十三年费尽心。真真是神灵大父。理该当一心钦崇。

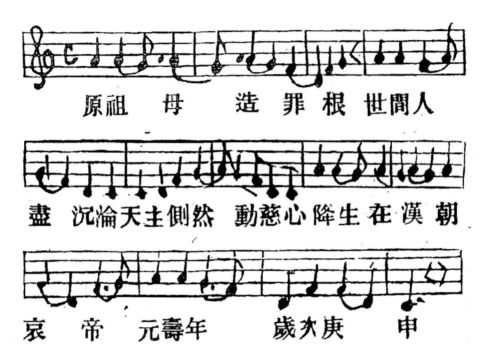

原祖 母 造罪根世間人
盡 沉淪天主側然 動慈心降生在漢朝
哀帝 元壽年 歲次庚 申

30、炼狱告文

炼所苦。与地狱一样同只是有个能出身。灵在火海中。冉无别的能。长长盼。妻子儿女与亲朋。赖主一命有通功。发慈心施舍三两文。偷空念句经。嗳咳嗳嗳。救免我。半刻受苦也感恩。身受烈火焚。痛苦寔难尽。受一时胜过世上几万春。重一句

想世上。吾子女是亲人。必然为我做神工。长长闹事情。四时为儿孙。忘了我。忍饥耐寒养你身。依湿救干为何人。无良心。家产你受承。罪过在我身。嗳咳嗳嗳。只恐怕你的儿孙照样行。舍钱与贫人。有空念串经。也算是孝敬父母一点心。重一句

盼儿女。是枉然。论亲人还有同胞兄弟亲。姐妹一娘生，祖母叔侄孙。哀求你。弥撒功劳寔无穷。破衣剩饭与穷人。好亲朋。念念世上亲。救救我灵魂。嗳咳嗳嗳。若是你做个安所大感恩。有心救炼灵。炼灵也有心。不久的。到了天堂补你情。重一句

做哀矜。为炼灵。行善工。大合天主爱人心。身受烈火焚。痛苦寔难行。若救我。上主百倍补你恩。天堂又结一恩朋。到主庭。哀求大父亲。保佑你灵魂。嗳咳嗳嗳。若有罪。主必垂怜放赦恩。有心救炼灵。其寔为己身。这句话。耶稣亲口说于人。重一句

31、世男穷尽歌

世界穷尽。天地终穷。想公审判。真怕死人。圣母呀可怜我罪人后数端仿此

月亮体暗。太阳失时。山林崩烈。天昏地震。

天色大变。地起狂风。河水涨溢。海浪猛閗。

人人脸面。枯干黑殒。恐惧害怕。物气长升。

人人奔山。野兽进城。可怜产乳。怀胎妇人。

天降大火。烧毁万民。天地万物。尽归灰尘。

辟雷东来。闪电西行。威严耶稣。登云降临。

诸品天神。战战惊惊。想见吾主。审判万民。

一位天神。吹起号令。一本大账。展与万民。

万国众民。立刻复生。在耶稣前。怎么答应。

谁愿救你。也是不能。独自一个。思存思存。

丝丝毫毫。记得狠清。一句闲话。不让半分。

隐藏避恶。虚假善功。可怜灵魂。无处逃奔。

附录三：书籍资料——1875 年太原天主堂初版《圣教条例》

　　《圣教条例》是一本初版于清末的本土中文教会书籍，由山西太原天主堂印制出版。内容是天主教信徒应当遵守的教会条例，涉及教堂、会长、家训、设立学校、教会礼仪、圣事、婚礼、丧事等贯穿每位信徒一生的重大事件。规矩细则定制得因地制宜而且十分具体，每个规范尽力按教会的原则和出发点适宜地结合民俗。例如婚礼，详细到如何去定亲、婚配以及下喜帖等，其方式是本土的，思想内容却是天主教的。资料来源：中国国家图书馆缩微胶片

《圣教条例》

　　1875 年江类思主教初定作序，1885 年艾士杰主教增印，后凤朝瑞主教作新序，1941 年李路嘉主教准重印，山西太原府天主堂印书馆印。

圣教例原序

　　予自负治理尔辈灵魂之重任莫不惴惴小心夙夜馨思如何克尽斯职抚眷吾羊保护圣教之正道除革异端之邪妄俾尔等易救灵魂直走天堂之路但迩来历观人心之法浇漓风俗之颓败诚恐尔等移于习俗渐染其辜为此留心防范稽察稂莠查得尔等之中竟有不明要理不守教规者且怠惰为善习与性成或结婚配不按圣教之例或丧葬死亡相随异端之风种种不轨层见迭出故会同数位铎德悉心议处设法除弊采辑圣教紧要之道理及四川省颁行之章程着为本省定例俾尔等一体

遵行不得故违庶可望诸事循规蹈矩不致流于俗弊而与敬主救灵之道亦不无小补云尔

降生一千八百七十五年　主教类思江 题

圣教条例新序

　　圣教会信德的道理。是永久不能改变的。但圣教会自己定的礼节规条。因着时势的关系。有时就得加减。因为吾主耶稣、把治理教务的权柄。交给了圣教会。所以圣教会几时认为要紧。就用吾主耶稣给他的权柄。把那不关系信德道理的礼节规条。或增或减。重新安排。本处从前通行的那本圣教条例。是江主教在五十八年前、初次编订。是艾主教在四十八年前继续增印的。那本书中所载的。都是指导教友们、该怎么样建立圣堂。罢工守斋。教训儿女。定亲婚配。避免异端。举办丧事等。要紧规条。倒底那本书至今已经有五六十年了。在这五六十年中间。对于罢工斋期。婚配阻挡。以及其他的礼规。多有增减。我为使教友们明白遵守。所以按照现在通行的条例。把教友们应当知道的。重新整理刊印。这样教友们明白了规条。就可以勉励遵守。妥当救灵魂了。是为予。

山西太原教区主教凤亚加彼多

第一　钦崇天主

　　按本性的理说。凡受造的人、都有本分恭敬造物的天主。因为人受了天主造生、养育、救购的各样恩典、应该用内中的诚心、外面的礼节、恭敬、朝拜、钦崇、赞美天主、才能合了知恩报本的道理。经上说、天主生人欲人在世立功。膺主预备之真福。从此可以知道。人恭敬天主。不单是为尽知恩报本的本分。也是为各人后来得享天堂的真福。

第二　建立圣堂公所

　　一　圣堂是恭敬天主的地方。所以该当称力量的修盖。凡是有圣堂的地方。那里的教友就容易热心。因为他们、念经、过瞻礼、讲解经文、学习道理、有了一定的地方。大家都可以去因此就方便的多了。

　　二　凡是已经有了圣堂的地方、不准随便修改。没有主教的准许、亦不能修盖新堂。就是教友们自己花钱修盖、也要紧先有主教的准许。即便主教准许了、教友们自己花钱修盖、也该立下凭据。言明这个圣堂、是圣教会的产业、只为恭敬天主而用。无论是盖堂所占的地皮、无论是盖堂用了的材料、或花了的钱。教友既然献了天主、后来就不与献的人相干。

三　圣堂不论大小。除了圣堂所用的东西外、不准放粮食、木料等物。因为圣堂最恭敬天主的圣地。应当恭敬、干净、齐整。这样或是神父来下会。或是教友们进堂念经时。常常便宜。

四　圣堂使用的对象。只准为圣堂使用。不许别人借用。

五　没有主教的准许。固然不能修改圣堂。但圣堂、或堂院、若因年长日久、或因雨水浸润、有了破坏。本村的教友们。也该及早修补。以免倒塌。

第三　尊敬圣堂

一　圣堂既是特为恭敬天主的地方、教友们进了圣堂、就该显出另外规矩、端正、恭敬的样子。吾主耶稣说过。我的房子、是念经祈祷的地方。所以教友进堂。应当存一个内外恭敬天主的意思。

二　教友进堂。既是恭敬天主。衣服穿戴、就该朴素整齐。不可矜奇立异。炫人眼目。不可开怀披衣。不可东观西看。不可谈笑玩耍。总要心中虔诚、外面端正。才合进圣堂的意思。

三　圣堂不论大小、都是恭敬天主的地方。所以圣堂该是干净的。为这个缘故、教友们在堂中、不要随便吐痰唾沫。还该操心自己的小孩子、不要随意便溺蹧蹋。耶稣在圣经上说过。我的房子是祈祷的地方。你们却把他做成了贼的窝子。从此可以知道、轻慢圣堂、是天主所厌恶的。

第四　选立会长

一　语云。家有千口、主事一人。各村会中的事、亦该有负责的人办理。若没有主事的人。就不免七言八语的、众人都要当家。那就免不了混乱。所以凡是教友的村子、都该有会长。数目不能一定。大村子多些。小村子少些。这些会长的本分、就是秉承主教、及本堂神父的指示。经管并办理本村会中的事情。

二　会长或由本村教友们推选、由本堂神父认可。或由主教及本堂神父直接任命。按光景而行。但当会长的人。该是热心守规、表样端正、有才有德的人。若是素不安分、不满四规、豪强霸道、耍钱吃洋烟、贪不公道财物、或坏表样的人、都不许当会长。若此等人、已经选为会长、应当革除。

三　会长该经由本村的教友。主日瞻礼下进堂通功念经。神父不在的时候、每主日念圣书一章。至于应该念甚么圣书、该听本堂神父安排。

四　会长该经由本村的教友、每主日在堂公念要理问答。就是每月第一主日、念第一卷诸问答。第二主日、念第二卷诸问答。第三主日、念第三卷至到圣体问答。第四主日、念第三卷圣体、终傅、神品、婚配问答。若遇有第五主日、念第四卷诸问答。这样周而复始。

五　遇有主教的告示、或本堂吩咐的事情。会长在公经以后、该告说众人。

六　神父来下会时、会长该经由教友们满四规。若有冷淡不愿意满四规的教友、会长该不分贫富、用好话劝他们来满四规。

七　会长该明白圣教要紧的道理。更该明白代洗的规矩。因为神父不在时、会长该代洗本村新生的婴孩。及病重危险的新奉教。

八　本会教友有定亲的。会长该告知本堂神父。为防备其中的阻挡。

九　本村教友中若有病重的。会长该提醒他家的人。为病人料理临终圣事。若病人家穷、或家人还没有全领洗、会长亦该想法子帮助。

十　本村教友若有丧事、会长该小心照管。不许他们行异端。但该照圣教规矩出殡埋葬。若死了的是新奉教、他家的人不许按圣教规矩埋葬。那时会长该告知本堂、听他按排。

十一、会长该用好法子、劝外教人进教。若有外教愿意入教、会长就该一面用好话应酬他们。一面告诉本堂神父。

十二、各处会长、对于本会的银钱账目、该记载的清清楚楚。每年下完会时。该把本会通年的收支、出入算的清清楚楚。比方、存粮食多少。存钱多少。或是不敷多少。都该结算明白。然后开一个清单、榜示众人。若有富余、或有短欠。该同本堂神父商议。看该怎么办理。

第五　教训儿女

一　凡开了明悟的儿女。父母该尽力教训他们明白经言道理。为教他们能够安当领受坚振。告解圣体等圣事。

二　如今各教友的村子、差不多、都有念问答、习经言的学校当父母的该趁早打发国己的儿女上学、以便学习经言要理。若是当父母的、自己不教儿女道理、又不打发儿女上学、这样的父母、一定不够本分。难免要受天主的审判。及本堂祖父的责罚。

三　父母们该知道、人的灵魂、比人的肉身尊贵。父母对于照管自己儿女的灵魂、这本分实在重大。所以该常小心。不许儿女跌在毛病之中。对于吃洋烟、耍钱、看唱、看不好的书画以及一切有危险的往来、父母都该严严的管制他们。　想法子去他们犯罪的机会、若是宽容放纵他们。这就是如同引他们下地狱一样。

四　屡次办神工、领圣体、是保守圣宠、躲避犯罪的好法子、所以当父母的、不单自己该勤领圣事。为给自己的儿女立好表样。还该经由自己的儿女也屡次办神工、领圣体。

五　念经听道理、是灵魂的日用之粮。为父母的。万不可溺爱自己的儿女。忽略念经的善工。该从儿女小的时候、就教他们念经。起初教他们三句五句渐次儿加增。这样儿女们从小就扎下热心的根子。

六　教训儿女的法子。不只是打骂责罚。更当与他们立好表样。为他们求天主。所以父母该小心自己的言行举动、因为若是父母的表样不好。就能引诱儿女犯罪。可不小心么。

第六　父母不可阻当儿女修道

一　圣经上耶稣说。庄稼多、工人少、该请主人多雇些工人。庄稼就是传教的事业、工人就是传教的人。请看普天下、还有多少的外教、同异教。这许多的人、不认识天主。不知道救灵魂。实在可怜。应该多多的加增传教的人、为能多劝些认天主、救灵魂的才是。所以当父母的。若是看着自己的儿子。有天主的圣君、愿意修道。就该明智的样子、开导他们。试探他们。若是他们果真有好意思。又有相当的材料、同好身体。就该任由他们听天主的召叫、进修道院。但若是儿女不愿意修道。父母万不可勉强。更不可因别的为头、打发儿女修道。

二　孩子们若有天主的圣召、愿意进修道院。先教他们把圣教的经言要理念会。更好把初级小学的国语、算学、等科、亦念完、年岁不要太大。十二至十四、是顶合式的。

三　孩子要修道时、该先本堂神父、听其按排。

四　闺女们守贞。亦要紧有天主的召叫。所以自己的闺女、若说要守贞不嫁。父母不可立刻准许。但该查看他、是真心不是。倒底他若是实在的不愿意出嫁。父母亦不能硬勉强他。因为儿女在选择地位的事上。有他们的自主之权。

第七　设立学校

一　这里说的学校。有两个样子。一个是专为念经言问答的。这样的学校、本来也是教友应该自己出钱设立的。因为教训孩童、学习经言要理。是父母的大本分。但若是教友们自己的钱力不够时圣教会也酌量的相帮。倒底教友不该把这件事、都推到圣教会身上。自己也该按力量的花钱。

二　除了专为念经言要理的学校、还有念世俗书的国民学校。或简易学校。这样的学校、既是为念世俗的书、为求世俗的学问、或为升学。所以这些学校的经费。圣教会没本分相帮。但是公公的说。凡是教友的村子立的学校差不多都是又念国文算学等书。又念经言问答。为这个缘故。圣教会对于教友的国民学校。有时候也相帮。其所以相帮的理由。就是因为教友的孩童、在国民学校、也能念经言要理。

三　念书求学问、本来是顶好的一件事。中国政府。也常常催迫百姓们设立学校。教友们也是国民、当然也不能例外、也该尽力量的念书。不过世界的风俗、一天比一天不好。教书的先生们。对于孩童的品行道德。也不甚注意。甚而还有引诱孩童作恶犯罪的。若是因噎废食不许教友孩童入外教学校、那末教友的孩童。就得当一个无知无识的人。若许教友孩童、去外教学校念书。为他们的灵魂、又有很大的危险。为救济这个困难、若是各教友的村子、能够自己立学校、那就好了。所以至少教友多一点的村子。该同本堂神父商议、若是能够自己立学校。就该大家勉力的自立。

四　自古及今。世间常有害人的书、但是如今害人的书更多了。引人失信德的书、诱人犯罪的书。实在多。教友不能看那些书。越发年青人们。更该小心。不要见书就看。当父母长辈的。该监督自己儿女。万不可宽縱他们、随意看那些不好的画。

第八　论守主日瞻礼

一　守主日瞻礼的意思。是教教友们、在那些日子上、暂且离开自己世俗肉身的忙乱。特别恭敬天主。另外是大家公行祈祷。按着圣教会所定的礼节、经文。大家聚在一处公共的恭敬天主。为守瞻礼主日、有两件大本分。一是该罢工、二是该听全弥撒

二　本处的教友。除了该守主日以外。还该守耶稣圣诞。三王来朝。耶稣复活。耶稣升天。圣神降临。圣母升天、圣母无原巽。诸圣瞻礼。并圣若瑟中国主保等瞻礼、以上的九个瞻礼。叫罢工瞻礼。

三　罢工的意思。是禁止做出力劳苦的营生。比方耕田种地。修房盖屋。以及一切劳身费力的手艺。至于念书写字等事。则不禁止。

四　凡罢工之日。从半夜起。至半夜止。该罢整整的一天。

五　主日瞻礼下守罢工、既是重大的本分。教友们就该好好的遵守。不要因为怕误了作营生、就犯罢工。若是有正经的缘故。该先求宽免。倒底倘若是遇了意外的事情。而且这事情不能推后。神父又不在跟前。那时按自己良心的定断。亦能宽免。教友们该知道宽免是没法子才用有缘故就宽免。没缘故就不宽免。

六　按本性之理。凡是受造的人。都该恭敬造物的真主。一年之中。至少该有几天、停止百工、为恭敬天主所以教友若用外教长工、在主日瞻礼下。不该命他们照常做活。至少在大瞻礼日。也该教他们罢工。为得是、教他们慢慢的也懂的恭敬天主、救他们的灵魂。

七　主日同罢工瞻礼日。凡开了明悟的教友。都有听全弥撒的大本分。

八　全弥撒、就是从上台至下台。没有要紧的缘故、不可离开圣堂。若没有大缘故。误了一大段、就有大罪。越发在成圣体圣血。及领圣体的时候。更不可误了。又病人、守病人的、看门子的、看小孩子的、都有宽免、不必听弥撒。但若是有两台弥撒。亦该替换的听。

九　若是神父不在、没有弥撒、或是相离太远。教友在主日瞻礼之日。亦该进堂。照通功经本子上定的规矩。通功念经。

十　主日瞻礼。既是另外恭敬天主、专务灵魂的日子。教友们除了听弥撒、通功念经外。还该学经学道理多做善工。

第九　论守大小斋

一　守大斋是从半夜到第二天半夜。在二十四点钟内。许吃一顿饱饭，但清早同晚上、亦能小吃一点。倒底清早晚上两次吃了的东西。并到一齐、不敢够了一顿饱饭。

二　凡是领过洗的教友、二十一个生日以上、六十个生日以下的。都该守大斋。但若有真正的缘故。不能守。该求本堂神父宽免。倒底怀胎的女人。奶孩子的女人。受重劳苦的人。有大病的人、他们都可以不守大斋。

三　在我们这地方、凡是守大斋的日子。也该守小斋。倒底准许用化出来的猪羊牛油烹调和炒菜。也能吃鸡蛋奶饼。但只限午晚二次。

四　守小斋是不许吃飞禽走兽的肉。至于鱼肉。海味、鸡蛋奶饼等。都不禁止。也不限次数。

五　凡领过洗的教友。七岁以上、都有本分守小斋。若有真正缘故。不能守小斋。该求本堂神父宽免。

六　古时圣教会定的大小斋期很多。如今蒙教皇宽免、我们本地的教友。该守的大斋。只有封斋内每瞻礼六、及耶稣圣诞前一日。

七　本处教友通年该守的小斋。就是通年每瞻礼六。圣神降临。及圣母升天前一日。圣灰礼仪、封斋内各瞻礼四。及四季小斋的瞻礼四。在封斋内、凡准许吃肉的日子、同一顿饭中、亦许吃鱼头。

八　罢工瞻礼。遇在大小斋期时、就不用守斋。能够吃肉。但封斋内的大小斋期。倘遇到罢工瞻礼时。就不宽免。仍该守斋。

九　瞻礼前的大小斋。倘遇在主日时。就不用提前守斋。

第十　论圣洗及代洗的规矩

圣洗是吾主耶稣亲自定下的圣事。亦是为救灵魂、最要紧的圣事。所以这件圣事、关系甚重。如今为使教友们能妥当代洗。把要紧的规矩写在后面。

一　付圣洗本来是神父的权柄。但神父不在时。不拘谁都能代洗病重危险的新奉教。或教友新生的孩子。在入天以内、就该代洗。平常的规矩是无神品的人、该让有神品的人代洗。女人该让男人代洗。倒底若遇不方便时。或是男人不明白代洗的规矩时。就该教女人代洗。

二　会长们、看病的先生们、收生婆们。都该明白代洗的规矩。并演习的代洗。为得是、一遇上机会。就能妥当代洗。

三　代洗时、除代洗的人以外、还该请两个人。至少一个人在跟前。为能作证代洗的妥当不妥当。

四　本父母不得代洗自己的儿女。倒底若是儿女危险怕死。本父母亦该代洗自己的儿女。

五　在难生产危险的时候。怕孩子要死。那时若已经看见婴孩的头。就该在孩子头上代洗。全身落地后。不必重新代洗、若只看见手、或是足或是别的一部分。亦该在孩子的手上、或足上、或别的地方代洗。倒底全身落地后。倘若孩子还是活的、就该在孩子头上重新代洗。但代洗前该说、若尔未领圣洗。我洗尔因父、及子、及圣神之名者。在这些光景上、常该是女人一代洗。

六　小产下来的胎儿。不拘几个月若胎儿一定是活的。就该箭直的代洗。若疑惑胎儿是死是活。或生下来的是古怪的东西。亦该代洗。但代洗前该说。你若能受洗。我洗尔云云。　在这些光景上、该教女人代洗。

七　为妥当代洗。该十分小心倒水同念经。所用的水。不拘是雨水、池水、井水、冷水、热水都行。水该倒在孩子的额上。同时口中明明白白的念。某（男孩子男圣名、女孩子女圣名）。"我洗尔因父、及子、及圣神之名者。"以上的这十三个字、十分要紧。万不敢加一个字、或去一个字。当着倒水的时候、在跟前的两个人、该操心听倒水的人、念的经妥当不妥当。有时候密密的代洗外教家、快要死的小儿。代洗的经、必该从口中、密密的念出来。若只是心中盘算的念、就不妥当。

八　代洗的人、受洗的人、受洗人的父母。见证人、都该记载明白。待神父下会时。该交代神父。

第十一　论婚配

按圣教会的道理。所说的婚配宗旨。总归于三样。第一、使一男一女、配为正夫正妻。终生和睦相爱。同苦同乐、彼此帮助。第二、为传生人类。这样至到世界穷尽。世世代代。常有恭敬天主的人。常有明知大德的人。第三、为节制人的私欲。因为正夫正妻、既然彼此相和相爱。就不至于再贪不正的邪情快乐、因而犯罪、得罪天主。所以教友的婚配、不单是本性的伦理。而且更是吾主耶稣的圣事、为此、教友对于婚配这件事。该小心谨慎。不可苟且而行。

第十二　定亲规矩

一　父母不可依照世俗的恶风俗、为自己还没有开了明悟的儿女定亲。因为儿女的年纪、还不到婚配的时期、他们还不明白婚配的关系。而且早早的与他们定下亲。离婚配的时候还狠远。若是出了变故。麻烦就更多了。

二　父母为儿女定亲的时候、万不可不教他们知道。但该告说他们。倘若他们不愿意。就不许勉强。

三　教友定亲的时候、若是照圣教会所定的规矩、男女二人、在本堂神父、或两个见证人跟前。照成亲证书。亲自书名画押（若本人不会写字、那时该请第三人代笔）。这样定了的亲事、在圣教会方面、才能生效力。（成亲证书另纸刊印、各本堂神父处都有）。

四　虽然照圣教会的规矩画了押、定了亲。倒底日后、若是有一方面不愿意婚配时。别的一方面、也不能硬加勉强。但若是因此受了害。退亲事的一方面、有赔补对方的本分。

五　男女定亲、是两造彼此商订的契约。虽然只按世俗的礼、换了庚帖。并没有按圣教会的条例画押。亦不可轻易退亲。万一若是有必须退亲的大缘故。那时亦该和平商议。千万不要失和气。

六　童养媳妇、大有犯罪的危险。所以不拘女孩子年纪大小。不论因为什么缘故。教友们万不可把还没有婚配了的媳妇、童养在家。

七　定亲结婚。固然是儿女的自主之权。倒底为儿女的、亦不可不同父母商议。自己就冒冒失失的定亲。倘若儿女违抗父母合理的同意。硬要婚配。本堂神父非预先请了主教的事、不准降临这样的婚配。

八　教友们定亲的时候。先该仔细查考、男女两造有没有婚配的阻挡。若有阻挡。必该先禀明本堂神父。然后再定行止。

九　媒人与人说亲、该存公道的心、该说实话。不敢用虚话哄人。这是对良心、对天主的事。若是不按良心。用虚话哄了人。以至于坏了人家终身的大事。在天主前。台前。必定有罪。

十　教友定亲。女家固然也能受采礼。但不可太多。

第十三　婚配规矩

一　为领婚配圣事。男人该满了十六个生日。女人该满了十四个生日。生日该按阳历计算。若按阴历计算。满了生日。再加一个月。

二　领婚配前。男女都该明白问答上所载的婚配道理。为能妥当。领受婚配圣事的恩典。

三　求神父降福婚配以前的三个主日。主婚的人、该把某男要与某女、婚配的事。告诉本堂神父。为教神父有工夫查考他们、有阻挡没。因为若不预先告诉神父。只愿择定日期、通知亲友。备办衣食到了神父跟前、求降福婚配时。才知道有了阻挡。那就不免有许多的困难。宽免吧。则于圣教会的规矩不合。宽免吧。他们又说是什么亦都预备便易了。神父教友、都要作难。而且有婚配不妥当的危险。

四　婚配的阻挡。不只一样两样。为教友很该知道。如今写在下边。（一）不出三代的旁系血亲。比方姑舅两姨等。（二）不出二代的旁系姻亲。比方大姨子、小姨子等。（三）代洗的人、同受洗的人。领洗的代父代母、同他们的代子代女。（四）男人不满十六。女人不满十四。教友同外教、或异教。以上都是婚配的阻挡。

五　婚配圣事关系甚大。所以遇有疑惑难处的时候。必该禀明主教神父。请其定夺。万不敢冒失自专、以免错误。

六　教友成婚、在按俗礼迎娶之前。先该到神父跟前。求降福婚配。若不先按圣教会的规矩降福婚配。这个婚配就不妥当。

七　若是有要紧的大缘故、时势紧急、不能请神父来。而且预先料到、在一个月以内、没有见神父的机会。那个时候、可以在两个见证人跟前婚配。但后来、男女并见证人。该到男家本堂神父跟前说明。已成婚配。求神父补礼。教友该知道。婚配是大事情。虽然有时候、见不着自己的本堂神父。若是临近有别的神父、亦该去见。总而言之。教友对于这件事。不敢轻易作主。以免错误。

八　男女二人。婚配时。该到女家的本堂神父前。同着两个见证人。各明说婚配之愿。但男人该预先请自己的本堂神父、写证明书信。去婚配时、把证明书交女家的本堂神父。

九　婚配会规。按照本处的规定。由男家担负。

十　教友同外教、或异教人。本来不准结婚。若有正当的缘故。该求宽免。但施行宽免之前。男女两造本人、该在保证誓愿书上。亲自画押。不能请别人代替。若不画押、宽免不算。（保证誓愿书、另纸刊印、各本常神父处都有）

十一　教友该知道。婚配是一件圣事。灵魂上若有大罪、先该办妥当神工。若见不着神父。不能办神工。就该发上等痛悔。以免冒领婚配圣事的大罪。

十二　教友娶亲嫁女时、小心不要随世俗的恶风俗、举行异端。比方、看八字、择吉日。以及一切不端正的事。

第十四　定亲庚帖及求宽免式

某	第	男荷承		
主恩于	年	月	日	生
于中华民国	年	月	日凭媒证人说合	
主恩于	年	月	日生	
某	第	女荷承		

下边的庚帖。不是圣教会定的。教友定亲时、若没有按圣教会定的成亲证书画押、只换了这个庚帖、虽然所定的亲。在圣教会面前不生效力、但亦不可轻易退亲。

成 亲 证 书

县　　村　　及　　氏之第　　子圣名　　俗名　　年　　月日生于　　村　　年　　月　　日领受圣洗今情愿与　　县　　村　　及氏之第　　女圣名　　俗名　　生于　　年　　月　　日于　　年　　月　　日领受圣洗二人同心合意声明彼此许定日后结婚并愿将此定亲之约按照圣教律例作为妥协并愿获照律应得之诸效当　　（本堂神父）　　二见证人前亲笔画押彼此许定结婚此证（惟因女男不能亲自书名爱请　　代笔）

成亲人　　押

　　　　　　　　　　　（本堂神父）　　见证人　　押
　　　　　　　　　　　年　　月　　日
　　　　　　　　　　（一报期模式照单款抄写不可错乱）

厥初

天主造成天地万物、次用土造人、男名亚当、女名厄袜、配为夫妇、主特宠爱、赋与灵性之能、相传本类、有继续不息之恩、为普世万民之原祖。

荷

　　主耶稣、亲立秘迹七旨、给以圣而公会、永为首务之任。

　　今行遵七迹之末

　　冀嗣享八福之乐

承蒙

　　大硕德老亲翁、若父亡故不用此一句即改淑德老姻母不嫌寒门贫陋、愿缔一肋之戚、宴乐六罇之宝。

允

令爱与小儿、谐百年之佳偶、逆旅相助、同赴天国者、于今定于　　月　　日、兹呈六礼、肃备彩舆、躬迎于归之喜、成全人伦衍裔之欢、

　　聊具不腆之议、

　　兼忱仰祈鉴纳、

俯赐

　　玉诺、曷胜荣感之至

　　　　　　　　　　　　　　　　谨此

　　　　　　　　　　　　　　　　　　恭报

　　　　　　　　　　　　　　　　　　　　预闻

中华民国　　年　　月　　日　　书

　　忝眷姻弟　　偕室　　氏鞠躬

　　三代拜帖式

　　姻眷晚生　　　　　　　　鞠躬

　　姻眷世弟　　　　　　　　鞠躬

　　姻眷教弟　　　　　　　　鞠躬

　　（次报期式）

伏以

　　全能主立婚姻为衍人生正经法

　　极智神施配偶以传圣贤宠恩宗

恭惟

大硕德尊亲翁大人阁下巨室贵族体

上主仁慈慷慨厚锡弗弃弟之家寒微族曩听媒妁允一二心广惠顾盼荷蒙明哲诲其

令爱积修淑德昭彰蓬门俗径年当受室望允诺重千金今兹特因获便定期于　　　年

　　　月　　日

　　聊申纳采之敬

　　屑承不腆之仪

　　　　　伏冀

　　鸿度优容愧甚幸甚

　　　　　谨

启　　时

　　中华民国　　年　　月　　日　　书

（结亲求免式）　　教友同教友结亲若有亲戚阻挡用此式

某县某村具禀罪人某姓名圣名某年几岁禀为两门结亲有违条例叩恳

施恩宽免事缘罪人之长子某圣名年岁处尚未完婚因本处教友稀疏又因家贫或

有别故并无两相情愿堪联婚姻者今有某处某人圣名　某其第岁女圣名　某年几

岁遵媒说合情愿嫁与罪人　之子为妻但此女与罪人　之子系姑表亲尚在几代之内按圣教会条例有不能婚配之阻挡罪人　于此难际难以另为定婚为此伏乞神父垂允施　恩宽免俾得与之结亲则感戴无既矣

降生一千　　百　年　月　　日禀

又式　教友同外教结婚求宽免用

某县某村具禀罪人　某姓名某圣名　年几岁禀为有违个例不能成婚叩恳施恩宽免事缘罪人　内助无人本处教友寥落今有某处外教某姓名其第几女几岁今情愿进教嫁与罪人　为正室但领洗者与未领洗者成亲有违圣教条例罪人　不敢故犯除照圣教条例先写誓愿书由两方具名画押外为此伏乞　　主教宽免施行俾得与之同配则感戴无既矣

降生一千　　百　年　月　　日禀

殊教异礼成　　外教一方面应用誓愿书

誓愿书说明

（此誓愿书第一份为外教一方面男女通用第二份为教友一方面男女通用其中男女夫妻等字按宣誓者是男是女以定取舍例如用男字则点去女字用女字则点去男字其他夫字与妻字村字与城字类此）

我未奉天主教人　　　生于　　　村或　　　城今誓许我将来與天主教人男女　　成婚之后所生孩童不分男女皆该领受圣洗并按天主教之规矩教养我又誓许我将来所生儿女如同我夫妻皆有奉天主教并遵守天主教规之完全自由我又誓许我将来同我天主教夫妻应行之婚配礼节惟于天主教司铎前行之恐口无凭立此以作信证

立誓愿书人未奉教人　　　亲押

天主降生　　年　月　日立于　村或　　城

婚誓愿证书　　教友一方面应用誓愿书

我　　　教友生于　　村或　　城今誓许我将来不背天主圣教我誓许我将来同外教男女　　　成婚之后所生孩童不分男女皆按天主教之规矩教养我誓许我将来尽我力量劝勉引导我外教夫妻归入天主圣教我又誓许我同我外教夫妻应行之婚配礼节惟于天主教司铎前行之恐口无凭立此以作信证

立誓愿书人天主教　　　亲押

天主降生　　年　月　日立于　村或　　城

圣教丧事禁条

一、凡教友病重临危、快要死的时候。跟前的人、不准照外教的样子。与他洗浴身体、穿衣裳。换衣裳。因为这样怕加他的苦。教他早死。更怕教他心慌。这个时候。教他安静。不要乱他。但该用短短的热心话。劝他弃绝世俗。真心痛悔所犯一总的罪。真心和睦仇人。依靠天主仁慈。吾主耶稣苦难的功劳等好话劝他。病人咽了气、给他穿衣裳、不可太好。太浮华。但该按死人在世活的地位。穿干净的衣裳就殁了。若他在会。更好穿一件会衣。如此而行。才合圣教礼仪。至于世俗所行虚妄异端之事。断不可行。

一、凡在宗庙祠堂或在家内。或在墓前、或在棺材前。或在牌位前。才不许行敬祖宗。或敬先亡之礼。亦不许帮助别人行此异端之事。这等牌位。虽无异端字样。亦不许摆。亦不许存在家中。

一 在棺材前棹子上。不许摆酒饭茶食等物。

一、在棺材前不准行礼叩头。若有外教亲戚等。来行礼磕头。此时主丧的人。孝子人等。不但不许带礼、还有本分阻挡他们。若为看情面。不尽力阻挡。与行者同罪。其余异端字样。概不许用。亦不许写。

一、孝子穿孝衣、只许用孝帽、孝衫、麻带、白鞋、至于孝杖、塞耳等物、都不许用。孝衫不许用和尚的样子。

一、若外教亲朋、送来香蜡纸钱、祭文等物。与异端邪妄有关系者。教友断不可收。

一、凡教友丧事场中。若有外教亲朋等。送猪羊等祭礼。教友不该收他。还该尽力阻挡。若是阻挡不住。他要强行祭献。那时不准教友收用。这些东西。待宾客散完。若此物还在就可把此物、哀矜穷人。开奠之酒席。圣教会己定了为异端之酒席。故此教友不可送亦不可收。亦不可帮助。

一、教友丧事场中。许用音乐、念经。为新亡者祈祷。其余世俗所用之鼓乐热闹等于居丧哀痛不合。故不可用。

一、凡丧事场中。要写对联告白、讣闻等。当按圣教通行礼规而写。不可用外教异端言语。

一、凡教友设立碑文于墓前。永存为记。固然甚好但不可用异端的话。碑上亦不得刻龙凤、日月、太极。亦不得用乌龟莲花为座。教友立碑当请明白教友书写。若亡者系领洗教友。碑额上总当雕刻十字。为教友的记号。

一、凡哭死者。不可过度。更不可有暴怨的话。或双足跳跃。撞头磕脑。发疯狂忿怒的样子。

一、凡教友有丧葬的事。不可写开奠二字。只写开吊二字。

一、凡死人活的时候。不满四规。或背了教。到临终的进时候。亦没有悔心改过的凭据。这样死了。不可为他公众念经祈祷。亦不能按圣教会的规矩埋葬。亦不能与他行异端的事。只可按本性的礼。埋葬哭泣。但私自为他念经、并不禁止。

一、凡遇外教人打醮、还愿、谢土。或请和尚道士念经。或办别样异端之事。此时教友不可出钱相帮。不可借给他家具使用。不许与他送礼、吃他的饭。

一、凡遇外教人下讣闻。请教友相帮。教友当查考明白。倘有危险沾染异端。就当推辞不去。宁招本家或亲朋友之怒。不可相帮异端犯罪。招天主的义怒。

一、丧事花费。该以圣教会的规矩。素淡俭省。不可过于浮华。为死者祈祷。行哀矜、克苦、求弥撒安所。这四样为死人的灵魂。大有益处。除此以外。如丧事的排场。酒席的丰富。坟墓的华丽等。都是图人赞美。与死人没有益处。花费银钱太多。与生者反有害处。虚假的风俗。教友不可效法。

一、凡停尸在家。不肯早埋。都有异端虚假的意思。教友不可随此风俗。

一、凡遇外教丧事。教友预先知道。抬材的人要行异端。就不可去送。亦不可去相帮。

一、凡遇清明节。或七月十五日。教友不可随外教风俗上坟。虽然在坟地为先亡念经、亦不可同外教在一样的日子、但该按圣教之礼。在复活瞻礼后第八日。或在追思已亡或后八日。可以去坟地念经。总是与外教不同的日期方可。

一、凡在坟地念经祈祷。只可站立。不可跪念。不点蜡。不磕头。亦不许摆供酒饭。张挂各色纸条。若修理坟墓。整补败缺。这是理所当然。圣教会不但不禁止。还赞美这等好事。

一、凡教友埋人。不可随外教的风俗。满了三日。才填墓穴。为这个缘故。棺材下葬念经毕。就该实时把墓子垒佳。填起来、不可再等别的时候。

一、教友不可随自己的私意。选葬早埋过的尸首棺材。若有真正缘故。该禀明本堂神父。听其指引安排。按圣教规矩。不要沾染异端才好。

一、凡遇外教。想买教友之地。当有风水的吉地。教友不可随他的意思。不可多卖价钱。若没有顺从异端的意思。只当平常地。以公道价钱卖给他。即无不可。

一、凡丧事场中。或起棺抬棺。过桥梁十字等处。或路上歇息的时候。孝子人等。不可磕头。或跪下等待。

一、外教丧事场中。异端邪说狠多。口难尽说。笔难尽写。除以上所写。还有说不尽的。凡是异端。圣教会一概禁止。

一、总而言之。凡中国外教。所行各样敬祖先。或敬死人的礼节。或真是异端。或大有凭据。可疑惑是异端。教友都不可行。

一、凡圣教会丧事。所行之礼节。不但为救先亡的灵魂。更使生者行此善功。预备自己的善终。光荣天主。及圣教会。而得灵魂之益处。所以教友尽力遵行才好。圣教丧事当守的规矩。

一、凡教友已死主丧的人。该全照圣教会的礼规办事。不可为人情脸面。或怕人耻笑。做异端的事。如有人要行异端的事。不许别的教友到前相帮。

一、入殓装棺埋葬。虽然不许教友拣好日子。到底才死的人。不可立刻装了棺材。怕他没有真死。所以圣教定规。凡因久病死了的人。该等过了十二点钟。若遇猝死的人。该等二十四点钟。总可装棺材。若死人身体已臭烂。发显他一定真死了。可以早些装棺埋葬。

一、几时在棺材跟前念经。该站着、不可跪下。诵经的时候到了。孝子穿孝衣。到客堂。请诸信友为新亡者念经。先走到棺材前。洒圣水云。望其息止安所。亚孟。洒毕。把刷子交与领经者。照序洒之。后通功念经。男女各别。不可混念。经毕。孝子请诸信友回客堂。在此处可以叩首谢答。

一、送葬的时候。路上恭迎十字架。执蜡唱经。该按次序。若时势不方便。或有别的阻挡。就可以把送葬的经。在家全念完了。然后不执十字架。不用蜡不唱经。送棺到墓亦可。再者。送葬之时。路上不许抬圣母像。或圣母楼子。

一、埋葬以后。不要想全尽了孝道。已没事了。还该常记念不忘。常为死者行善功。念经祈祷。行哀矜等神功。

一、按圣教礼规。死后第三天。第七天。满一月。周年。都是为先亡祈祷的日子。除此以外。每日为死者念经。亦大有益处。

一、为已亡教皇、诵经六个月。为本处主教、诵经三个月。为本处铎德、诵经一个月。为本处会长、一主日。其余教友、三日为止。所念经文。该照通功经本。不可增减。

一、凡遇新听礼的人。在世时。已弃绝了异端。平常亦念经守规矩。到底没有赶上领洗死了。该埋葬他。如领过洗的人一样。

附录四：部分中国天主教音乐CD资料

一、法国出品

1、*MESSE DES JESUITES DE PEKIN（MASS OF THE JESUITES IN BEIJING）*

（Joseph-Marie AMIOT 钱德明） XVIII-21, Musique des lumieres（法国光明乐团）1998

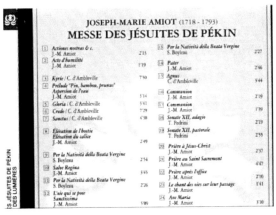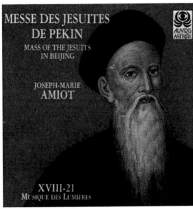

曲目：

    1. Musique sacrée: No. 2 Actione nostras & c.

    2. Musique sacrée: No. 8 Acte d'humilité

    3. Mass: Kyrie

    4. Work（s）: Prélude 'Pin, bambou, prunus' （Divertissements chinhois 1er cahier no. 1） / Aspersion de l'eau

    5. Mass: Gloria

6. Mass: Credo

7. Mass: Sanctus

8. Musique sacrée: No. 9. Élevation de l'hostie / No. 10. Élevation du calice

9. Per la Natività della Beata Vergine

10. Musique sacrée: Salve Regina

11. Per la Natività della Beata Vergine

12. Work（s）: L'oie qui se pose （Divertissements chinois 1er cahier No. 5）

/ Sanctissima （Musique sacrée No. 6）

13. Per la Natività della Beata Vergine

14. Musique sacrée: No. 3. Pater

15. Mass: Agnus

16. Communion

17. Musique sacrée: No. 11. Communion （Prélude tiré）

18. Sonata No. 7 for flute & continuo in B flat major: Adagio

19. Sonata No. 7 for flute & continuo in B flat major: Pastorale

20. Musique sacrée: No. 12. Prière à Jésus-Christ

21. Musique sacrée: No. 7. Prière au Saint Sacrement

22. Musique sacrée: No. 13. Prière après l'office

23. Deuxième divertissement chinois: No. 1. Le chant des oies sur leur passage

24. Ave Maria

（台湾上扬唱片另有出品 E8642，巴黎中国天主教中心合唱团、十一光辉音乐团演奏/唱，克里斯托弗. 富利许指挥，专辑解说：您可曾耳闻中国风味的西方弥撒曲？您应该听过欧洲传统的天主教弥撒曲，也必然知道中国佛教音乐，但是这张专辑要让您体验截然不同的「西曲中乐」。十六世纪末期，欧洲传教士已开始在中国传教，当时在北京，不仅有来自欧洲的弥撒曲，更有传教士以中国传统的五声音阶及乐器来创作的「中国式」弥撒曲。这些珍贵的音乐史料都收藏在北京大学图书馆中，而在这张「北京耶稣会弥撒」录音里首次披露。由詹－克里斯托弗. 富利许担任指挥二十一光辉音乐团，并为了忠于中国音乐风格，邀请巴黎中国天主教中心合唱团以及普努斯美好合奏团两个中国团体共同参与录音，呈现给您罕世难见的「中式」弥撒。）

2、*CHINE: JESUITES & COURTISANES* （*China Jesuits & courtiers*）2002

CHINE : JÉSUITES & COURTISANES
China: Jesuits & Courtiers

Author:

Amiot, Jean-Joseph-Marie 钱德明, 1718-1793

Ancina, Giovanni Giovenale, 1545-1604

XVIII-21, Musique des lumieres （Musical group） 法国光明乐团

Frisch, Jean-Christophe

Picard, Francois

Pub. Location: Paris

Publisher: Buda Records

Tracklisting:

（in french）

　1. Sur la plage les oies se posent （Pingsha luoyan）

　2. Tempio armonico della Beatissima Vergine N.S. no. 3

　3. La lune est haute （Yue'er gao）

4. Tempio armonico della Beatissima Vergine N.S. no. 1

5. A l'ombre des fleurs sous la lune silencieuse （Hua yinyue jing yinyue pu）

6. Incantation de Pu'an （Pu'an zhou）

7. Le vol de la perdrix （Zhegu fei）

8. La feuille de saule （Liu ye jing）

9. La Monica

10. Le mouton sur la colline （Shan po yang）

（in English）

1. On the beach the geese are landing

2. Tempio armonico della Beatissima Vergine N.S. No. 3

3. The moon is high

4. Tempio armonico della Beatissima Vergine N.S. No. 1

5. In the shade of flowers under the silent moon

6. Pu'an incantation

7. The flight of the partridge

8. The willow leaf

9. La Monica

10. The sheep on the hill.

Review:

The baroque music ensemble "XVIII-21 Musiques des Lumieres" meets "Fleur de Prunus", a traditional Chinese music ensemble. "Chinese divertissements" composed by the Jesuits, Christian songs performed on Chinese instruments... they reconstruct a concert as could be given at the court of the Chinese Emperor, in the "Palace of the Delights of Harmony" at the time （18th century） when missionaries were instrumentalists and composers.

Fleur de Prunus &XVIII-21 Musique des lumieres

Italian tunes from the 18th century played by Jesuits at the court of the emperor of China, and Chinese tunes played by the musicians from this very same court that the very same Jesuits came to christianize: this recording is the result of a genuine two years encounter, the achievement of a mutual listening between these two musical ensembles, a kind of historical reconstitution. The subtle superposition of the musics and of the contemporary instruments is very successful, leading to unexpected harmonies and paces. One will note on this album the participation of serpent player Michel Godard.

二、中国出品（大陆地区内部发行）

1、《明清北堂天主教晚祷》中法文化交流年北堂圣乐合唱团、法国光明乐团交流演出 2004

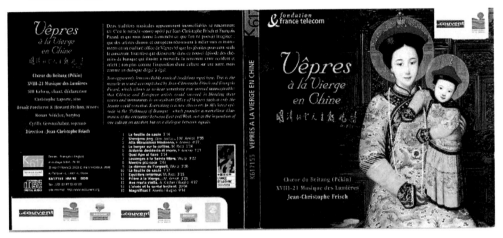

指挥：周永正

曲目：

1. 柳摇锦/水龙吟

2. 圣母经

3. Alla Miracolosa Madonna

4. 牧童游山（利玛窦）

5. Ardente desiderio di morir

6. Qual Ape al Favo

7. 称颂圣母乐章

8. Mente piu coce

9. 吴历（渔山）天乐正音谱吟诵

10. 柳摇锦/水龙吟 La feuille de saule（管风琴）

11. 胸中平庸（男高）

12. 三弟西玛

13. 圣歌（亚物海星）

14. 《细十番音乐谱》（钱德明《圣乐经谱》申尔福）

15. 圣母日课（Magnificat）

（台湾上扬唱片另有出品 K617155，尚－克里斯多福. 弗利许指挥，北京北堂合唱团、18-21 光明音乐合奏团演奏/唱，专辑解说：十七世纪的北京在皇帝允许之下，成立了四所天主教堂。其中最重要者称为北堂，系由义大利传教士马提欧. 黎奇（利玛窦）所创设。黎奇出身罗马神学院，曾在印度传教五年，1582 年到达澳门，1598 年到达北京，1610 年去世，乃是中世纪之后到过北京的第一个欧洲人。随黎奇前去的西班牙教士潘托亚曾研习音乐，他为北堂打下圣母晚祷仪式音乐的基础。经过代代相传，目前北京北堂合唱团仍旧在演唱这些音乐。曲目包括黎奇亲自谱写的作品，以及皈依天主教的中国诗人李悟之作（以《天乐正音》为总标题）等等。本辑收录其中十五曲。尚－克里斯多福. 弗利许曾师事古乐权威指挥家克里斯提，他原本以巴洛克长笛独奏著称，所灌录韦瓦第长笛奏鸣曲专辑评价极高，后来则成立 18-21 光明音乐合奏团，以演奏罕见古曲，并赋予二十一世纪的敏锐度为己任。）

2、《RÉQUIEM 追思弥撒》（经典额我略圣歌、拉丁追思亡者弥撒）

天主教上海教区徐家汇圣伊纳爵主教座堂小天使唱经班献唱

曲目：

　　1. INTROIT（RÉQUIEM）进堂咏

　　2. KYRIE 垂怜曲

　　3. GRADUAL（RÉQUIEM）升阶经

　　4. TRACT（ABSOLVE DOMINI）连唱经

　　5. SEQUENCE（DIES IRAE）继抒咏

　　6. OFFERTOIRE（DOMINE JESU CHRISTE）奉献咏

　　7. SANCTUS 三圣颂

　　8. PIE JESU 仁慈耶稣

　　9. AGNUS DEI 羔羊颂

　　10. COMMUNION（LUX AETERNA）领主咏

　　11. REQUIESCANT IN PACE 弥撒礼成

　　12. LIBERA 追思礼

13. IN PARADISUM 起棺经

14. EGO SUM 下葬经

3、《PRAISE 颂扬》天主教北京教区英文唱经班圣歌集

曲目：

1. COME,THOU ALMIGHTY KING

2. GATHER IS IN

3. ACCLAMATIONJ

4. GLORY TO GOD

5. ALLELUIA

6. PROFESSION OF FAITH（CREDO）

7. BECAUSE HE LIVES

8. THE LORD'S PRAY

9. DOXOLOGY

10. MAY THE PEACE OF THE LORD BE WITH YOU

11. JESUS,PUR LIVING BREAD

12. MAGNIFICAT

13. SEEK YE FIRST

14. FATHER,I ADORE YOU

15. HE IS LORD

16. L'ANGE ET L'AME（FRENCH）

17. AVE VERUM（LATIN）

18. FORTY DAYS AND FORTY NIGHTS

19. THE SPIRIT OF GOD

20. ANSWERING THE LORD'S CALL（PSALM 95）

21. GOD'S COMPASSION（PSALM 25）

22. GOD;S ETERNAL LOVE（PSALM 138）

23. GOD;S MERCY（PSALM 103）

24. THE LORD IS KING（PSALM 96）

25. GO,THE MASS IS ENDED

26 .ÉLÉVATION

4、《TAIZÉ 泰泽赞颂之歌 SING TO GOD》天主教上海教区光启社

5、《贾文亮神父原创圣乐专辑》（1）（2）河北省神哲学院歌咏团

6、《西开总堂管风琴圣乐专辑》天津西开总堂制作

7、《传统中文追思弥撒曲》天主教上海教区徐家汇圣伊纳爵主教座堂小天使唱经班献唱

8、《感恩岁月》圣伊纳爵主教座堂小天使唱经班成立 10 周年纪念专辑

9、《圣乐集——将临期、圣诞期》北堂圣乐合唱团

10、《爱在盛开》北京天主教教务委员会监制

11、《平安夜弥撒套曲》合肥天主教合唱团演唱[1]

---

1 全国各地的很多堂区基本都有自行刻录的音像制品，但仅限内部和短期发行，搜集十分困难，此处仅列举一些有代表性的 CD 唱片。另，港澳台地区的相关唱片不在统计范畴之内。

参考文献

期刊论文：

圣教杂志社

    1913-1937《圣教杂志》，上海：圣教杂志社

安庆教务月刊社编

    1934《安庆教务月刊》第 12 期，安庆：教务月刊社

辅仁大学中华公教青年会盘石杂志社

    1935《磐石杂志》第 2 期，北平：中华公教进行会青年部全国指导会

宣化圣心修道院

    1936-1937《小军人月刊》，宣化：宣化圣心修道院圣体军

天津工商大学工商生活委员会

    1941《工商生活》第 3 期莫扎尔特音乐会专刊，天津：天津工商大学

上智编译馆

    1946-1948《上海编译馆馆刊》，北平：天主教北平教区

新光季刊社编

    1947-1948《新光季刊》，山西太原市天主堂：新光季刊社

杨乃济

    1984〈乾隆朝的宫廷西洋乐队〉，《紫禁城》第 4 期，故宫博物院

刘奇

    1987〈中国古代传入的基督教会音乐探索〉，《音乐艺术》第 1 期

刘劼

　　1988〈陕西宗教音乐考略〉,《交响》第 3 期

郭崇禧

　　1988〈山西天主教简述〉,《山西文史资料》第 57 辑, 中国人民政治协商
　　　　会议山西省委员会文史资料研究委员会编

　　1992〈太原天主教史略〉,《太原文史资料》第 17 辑, 太原市政协文史资
　　　　料研究委员会编

朱永丰

　　1989〈三盛公天主教堂的七月大瞻礼〉,《磴口县文史资料》第 6 辑, 磴
　　　　口县委员会文史资料委员会

李晓杰

　　1991〈清宫西洋音乐〉,《紫禁城》第 10 期, 故宫博物院

张怀智

　　1991〈北京天主教神哲学院王基志院长谈北京管风琴小史〉,《中国天主
　　　　教》第 4 期

赵晓楠

　　1994〈民族音乐中的天主教音乐——贾后疃村天主教音乐会调查〉,《中
　　　　国音乐》第 3 期

南鸿雁

　　2001〈内蒙古中、西部天主教音乐的历史与现状〉,《天津音乐学院学报》
　　　　第 11 期

　　2005〈杭州天主教音乐文化略述〉,《人民音乐》第 12 期

　　2006〈南京天主教音乐人文叙事〉,《南京艺术学院学报》第 7 期

　　2007〈沪宁杭地区近现代天主教音乐考察研究〉,[博士论文]（未刊）, 南
　　　　京艺术学院

　　2007〈沪宁杭地区的天主教音乐——民国时期相关仪式音乐与音乐文本
　　　　的个案研究〉,《南京艺术学院学报》第 9 期

　　2009〈草原牧者——边缘地带上的天主教会〉,《开放时代》第 2 期
　　　　〈民族音乐学视野中的草原文化——鄂托克前期天主教音乐个案研
　　　　究〉@shiqi

汤开建

2001〈16-18 世纪经澳门进入中国内地的西洋音乐家考述〉,《西北第二民族学院学报》第 3 期

2002〈16 世纪中叶至 19 世纪中叶西洋音乐在澳门的传播与发展〉,《学术研究》第 6 期

2003〈明清之际西洋音乐在中国内地传播考略〉,《故宫博物院院刊》第 2 期

郭继汾

2002〈天主教在山西之创始及其发展〉,《山西文史资料全编》第 1 部,太原：山西文史资料编辑部

〈若望孟代高肋维诺总修道院述略〉@shanxixiuyuan

周莉

2005〈近代以来山东天主教弥撒礼仪音乐考〉, [硕士论文]（未刊）, 中央音乐学院

弗朗索瓦·皮卡尔

2007〈明清时期中西音乐文化交流概况〉,《中央音乐学院学报》第 2 期

侍莹莹

2007〈北京 20 世纪 40 年代合唱音乐发展研究〉, [硕士论文]未刊, 首都师范大学

孙晨荟

2008〈明清时期的天主教音乐〉,《神学与生活——神学与美学》第 31 期,香港：道生出版社

楚卓、谭景团

2009〈广西天主教弥撒仪式及其音乐研究 〉,《艺术探索》第 6 期

张姗

2009〈太原解放路天主堂音乐团体纪实〉,《黄河之声》第 7 期

2010〈天主教音乐山西本土化〉,[硕士论文]（未刊）, 山西大学

刘静

2010〈太原地区乡村天主教会文化研究——以晋源区为中心〉, [硕士论文]（未刊）, 山西大学

张沙

2011〈保定市天主堂音乐研究〉, [硕士论文]（未刊）, 河北大学

专著：

天津公教图书馆

    1924《天津公教图书馆》

上海土山湾

    1933《弥撒诠要——为曾竹辅祭及与祭的热心而作》，上海：徐家汇土山
        湾印书馆

茅本荃

    1935《弥撒旧闻》，上海：土山湾印书馆

辅仁大学附属中学

    1936《私立北平辅仁大学附属中学概况》，北平：辅仁大学附属中学出版

山西太原教区全体国籍司铎刊印敬献

    1940《山西太原教区凤主教晋铎金庆纪念 1890-1940》，太原：天主堂印
        书馆

安庆天主堂

    1941《圣教礼仪撮要》，安庆天主堂

山西太原教区

    1941《圣教条例》，山西：太原天主堂印书馆

礼仪圣部

    1967《论圣礼中的音乐》，台北：铎声月刊社

谈迁

    1981《北游录》，北京：中华书局

刘侗、于弈正

    1982《帝京景物略》，北京：北京古籍出版社

[法]史式微

    1983《江南传教史》第一卷、第二卷，上海：上海译文出版社

[英]阿·克·穆尔著，郝镇华译

    1984《一五五〇年前的中国基督教史》，北京：中华书局

耿升、何济高

    1985《柏朗嘉宾蒙古行纪 鲁布鲁克东行纪》，北京：中华书局

中国人民政治协商会议河北省委员会文史资料研究委员会

    1986《河北文史资料选辑》第 17 辑，石家庄：河北人民出版社

中国人民政治协商会议张家口市委员会文史资料研究委员会

　　1989《张家口文史资料》第16辑，张家口：张家口日报社

中国人民政治协商会议磴口县委员会文史资料研究委员会

　　1989《磴口县文史资料》第6辑，磴口县：磴口县委员会文史资料委员
　　　　会

顾裕禄

　　1989《中国天主教的过去和现在》，上海：上海社会科学院出版社

[法]裴化行

　　1993《利玛窦神父传》，北京：商务印书馆

蔡诗亚主编

　　1994《圣乐文集》，香港：公教真理学会

陶亚兵

　　1994《中西音乐交流史稿》，北京：中国大百科全书出版社

　　2001《明清间的中西音乐交流》，北京：东方出版社。

（比）万.欧斯特收集记谱，刘奇编注整理

　　1995《近代中国鄂尔多斯南部地区民歌集》，北京：中央音乐学院学报社

[法]费赖之

　　1997《明清间在华耶稣会士列传 1552-1773》，上海：天主教上海教区光
　　　　启社

赵翼

　　1997《瓯北集》，上海：上海古籍出版社

[法]陈艳霞

　　1998《华乐西传法兰西》，北京：商务印书馆

黄时鉴

　　1998《东西交流史论稿》，上海：上海古籍出版社

赵一舟

　　1998《我们的庆节》，石家庄：河北天主教信德室

　　1999《我们的圣事》，石家庄：河北天主教信德室

　　1999《我们的弥撒》，石家庄：河北天主教信德室

巴博编著

　　1999《天主教礼仪问答》，石家庄：河北信德室

辅仁神学著作编译会

　　1999《神学辞典》，上海：天主教上海教区光启社

　　2001《天主教梵蒂冈第二届大公会议文献》，上海：天主教上海教区光启
　　　　社。

郭凤岐、陆行素主编

　　1999《益世报天津资料点校汇编》一、二，天津：天津社会科学院出版
　　　　社

　　2001《益世报天津资料点校汇编》三，天津：天津社会科学院出版社

高智瑜、马爱德

　　2001《虽逝犹存——栅栏：北京最古老的天主教墓地》，澳门、美国，澳
　　　　门特别行政区政府文化局、美国旧金山大学利玛窦研究所

韩起祥

　　2001《太原锣鼓》内部资料，太原：山西省锣鼓艺术工作者协会

晏可佳

　　2001《中国天主教简史》，北京：宗教文化出版社

赫士德著、谢林芳兰译

　　2002《当代圣乐与崇拜》，台北：校园书房出版社

李振邦

　　2002《教会音乐》，台北：世界文物出版社

吴飞

　　2002《麦芒上的圣言——一个乡村天主教群体的信仰和生活》，香港：道
　　　　风书社

陈耀林编

　　2003《中国天主教艺术》，石家庄：河北信德室

顾卫民

　　2003《中国天主教编年史》，上海：上海书店出版社

天主教献县教区

　　2003《献县教区——我们共有的家》，献县：天主教献县教区

宋建勋

　　2004《山西天主教史》内部资料，太原：天主教太原教区

孙邦华主编

　2004《辅仁大学——会友贝勒府》，石家庄：河北教育出版社

顾裕禄

　2005《中国天主教述评》，上海：上海社会科学院出版社

[法]杜赫德编、郑德弟等译

　2005《耶稣会士中国书简集》Ⅰ-Ⅵ，北京：大象出版社

北京辅仁大学校友会

　2005《北京辅仁大学校史 1925-1952》，北京：中国社会出版社

李毓明、李毓章编

　2006《天主教山西省太原市主教座堂百周年特刊》，香港：香港跑马地乐
　　　和道 2A

余三乐

　2006《中西文化交流的历史见证－明末清初北京天主教堂》，广州：广东
　　　人民出版社

徐宗泽

　2006《明清间耶稣会士译著提要》，上海：上海书店出版社

康志杰

　2006《上主的葡萄园——鄂西北磨盘山天主教社区研究（1636-2005）》，
　　　台北：辅仁大学出版社

明晓燕、魏扬波

　2007《历史遗迹——正福寺天主教墓地》，北京：文物出版社

梅谦立

　2007《北京教堂及历史导览——北京耶稣会足迹导游册》，北京：上智编
　　　译馆

杨德英

　2007《天津通志.文化艺术志》，天津：天津社会科学院出版社

曹本冶

　2008《思想~行为：仪式中音声的研究》，上海：上海音乐学院出版社

宝贵贞、宋长宏

　2008《蒙古民族基督宗教史》，北京：宗教文化出版社

方豪

    2008《中西交通史》，上海：上海人民出版社

台湾地区主教团理委员会编译

    2008《感恩祭典》（一、二、三），石家庄：中国河北信德社

秦格平编著

    2008《太原教区简史》内部资料，太原：天主教太原教区

杨民康

    2008《本土化与现代性——云南少数民族基督教仪式音乐研究》，北京：宗教文化出版社

[比]钟鸣旦

    2009《礼仪的交织——明末清初中欧文化交流中的丧葬礼》，上海：上海古籍出版社

利玛窦、金尼阁

    2010《利玛窦中国札记》，北京：中华书局

阎玉田

    2010《踞析津之阳——天津工商大学》，北京：人民出版社

孙晨荟

    2010《雪域圣咏——滇藏川交界地区天主教礼仪音乐研究》，香港：香港中文大学天主教研究中心

刘国鹏

    2011《刚恒毅与中国天主教的本土化》，北京：社会科学文献出版社

圣歌集、祈祷书：

[法]L.拉菲

    1907《圣乐练习》影印本

北京救世堂

    1911《圣歌宝集》影印本

天主教河间府

    1913《大弥撒及圣体降福》

北平北堂等

    1929《大瞻礼弥撒》四书合订影印本

河北献县教区

　　1932《经歌汇选》影印本

献县天主堂

　　1934《清音谱》影印本

山东兖州府天主堂

　　1935《圣歌汇集》

山西太原府天主堂印书馆

　　1939《通功经》

　　1947《圣教歌曲》

江文也

　　1947《圣咏作曲集》第一卷，北平：方济堂圣经学会

　　1948《圣咏作曲集》第二卷，北平：方济堂圣经学会

　　1948《儿童圣咏歌集》第一卷，北平：方济堂圣经学会

李振邦

　　1971《新礼弥撒合唱曲集》，台北，教务协进会出版社发行

香港教区礼仪委员会

　　1985《颂恩——信友歌集》，香港：公教真理学会

内蒙古自治区天主教教务委员会

　　1987《圣教歌选》

耿辉编配

　　1992《圣教音乐会曲集》油印本，太原：天主教太原教区西柳林音乐会

太原教区

　　1994《弥撒经歌》

　　2003《圣乐荟萃》

　　2008《赤子童心爱耶稣——常用祈祷经文》

　　2010《天主教太原教区助理主教圣秩授予典礼》

天主教内蒙古鄂托克前旗敖勒召其弥撒点编

　　2002《蒙文圣歌集》

河北献县教区

　　2008《赞美之泉》

天主教凤翔教区

    2009《礼仪年圣乐集》

不详

    《北平辅仁大学——圣体降福经文》

    《北京天使修院现行规则》

    《圣教歌曲》内部使用

    《弥撒圣歌集》天主教太原教区

    《祈祷手册》天主教汾阳教区

    《经歌全集》（上下集）天主教北京教区

    《管风琴圣乐专辑》天主教天津教区西开总堂

另有多本民国至当代时期教会堂区内部出版编纂的歌集、手抄工尺谱本，以及各教区、堂区、修道院、宗教会议的网页、博客等，在此不一一列举。

后　记

　　本书是继香港中文大学天主教研究中心出版的《雪域圣咏——滇藏川交界地区天主教礼仪音乐研究》之后，我的第二本中国天主教音乐研究专著。作为一名生活在北京的音乐学者，业余时间长期在基督新教会内担任音乐义工和教师的角色，自以为深度了解教会音乐，却是在一次近距离接触天主教礼仪中的音乐时，完全陷入了迷茫。除了传统所认知的高耸教堂和庄严圣歌外，方言念经、焚香献香、经文吟唱、跪下鞠躬等等一系列声响和行为，都令我感到它是如此的不同。这与我所见到的欧洲教堂内的景象基本一致，却又不太一样；与我从小熟悉的佛堂庙宇内的种种景况完全不同，却好像略有一丝相似。疑问吸引好奇的我一步步走进天主教堂，一次次探究传统圣乐，一场场熟悉教会礼仪，一遍遍唷读宗教神学，直至首次研究藏族地区的天主教音乐，二次选点天主教太原教区的音乐，三次扩展至华北地区五省市的天主教音乐。

　　写作的完成及相关出版，要感谢很多师友和朋友：曹本冶老师、萧梅老师、耿辉老师（已故）、张广泰老师、赵建敏神父、杨合朝神父、巴日斯神父、孟满顺神父、姚顺神父、张晓虎修士、马仲牧主教、齐琨学友、李四萍姊妹、马凤琴姊妹、张旭小友等等。由于完稿时间匆忙，不足之处切望读者海涵！